フランス柔道とは何か

教育・学校・スポーツ

星野 映／中嶋哲也／磯 直樹 編著
小林純子／有山篤利

青弓社

フランス柔道とは何か——教育・学校・スポーツ

目次

第2部　フランス柔道の教育システムの成立

第3部　フランス柔道の教育観——日本柔道との比較を通じて

装丁――神田昇和

まえがき

中嶋哲也／星野 映

フランスというと、どのようなイメージを抱くだろうか。芸術と美食の国だろうか。それとも、サッカーの強豪国だろうか。フランスは、柔道においても大国である。ここ十年ほどのフランス柔道連盟の登録人口は五十数万人で推移していて、二十万人に満たない日本よりもはるかに多い。加えて、フランスの人口は日本の半分ほどなので、人口比でみればおよそ五倍も違う。

「Judo と柔道は違う」といった主張が日本の柔道関係者の間で日常的に語られるようになったのは、いつからだろうか。柔道には日本に特有のものと外国のものがあるという考え方に私たちは同意しないが、ここ数十年の国際柔道連盟でのフランス柔道の存在感は相当なものだった。

フランス柔道については、いろいろな観点から論じることができる。その一つは、オリンピック競技としてである。IOC（国際オリンピック委員会）のウェブサイトでオリンピック各大会の競技成績が把握できるが、それに基づいて集計すると、フランスのメダル獲得数は六十個で国別では二番目に多い（一位は日本で百一個、三位は韓国で四十九個）。[1]二〇二一年の東京オリンピック柔道競技でも、フランスは八個のメダルを獲得している。[2]この八個のメダルのなかには、日本と決勝戦を争って勝利した団体戦の金メダルがある。私たちがフランスを〝柔道大国〟と形容するとき、おそらくこうした強豪国のイメージが強いだろう。

他方、ここ十年ほどは柔道による死亡事故がゼロであり、指導者による体罰・しごきもみられないといったフランス柔道の指導法にも注目が集まるようになった。現在、フランス柔道は日本が模範としなければならない〝柔道先進国〟として紹介される[3]。

しかし、これまでのフランス柔道の紹介のされ方にはフランスの先進性が強調されすぎるきらいがある。日本に紹介されるフランス柔道の話題は、恣意的に選ばれる傾向がある。

これまでよりも広い視野でフランス柔道を捉えることはできないだろうか。著者らはこうした問題意識を共有し、本書の構想を何度も話し合った。そうしてたどり着いたのが、〝教育〟という視点である。日本にとってフランス柔道の教育システムはまだまだ未知の領域である。そこで本書は、教育という視点からフランス柔道の実態をできるだけ具体的に明らかにしたいと考えている。

本書の「教育」という言葉は多義的だが、フランスでの柔道と教育の関わりは、「教育」の多義性に着目してこそ理解できるものである。例えば、本書では以下のような諸側面に焦点を当てている。

- 学校教育と柔道
- (広義の)教育の手段としての柔道
- 柔道がもつ教育的な価値や効果(礼節、「柔よく剛を制す」など)
- 教育的なスポーツとしての柔道

・柔道の指導体制や指導法

ここに挙げた諸側面はそれぞれが独立しているのではなく、歴史的・社会的に相互に絡み合って展開している。この諸側面の絡み合いが教育としてのフランス柔道のありようをわかりにくくしているが、本書ではそれを丁寧に解きほぐし、読者に紹介したい。

以下、本書の構成について述べよう。本書は三部立てである。第1部「フランス柔道の現在」では、フランスの柔道の現況を紹介する。第1章「二つの柔道場からみるフランス柔道」（星野映／磯直樹）では、磯と星野がよく知る柔道クラブの活動から、印象的なエピソードをいくつか取り上げる。それらは、本書各章の内容の導入になっている。第2章「フランス柔道の組織概要」（星野映）ではフランス柔道の組織や制度、および指導法について概観する。そこでみられる組織図や指導法は第2部「フランス柔道の教育システムの成立」の歴史記述の終着点を示すものなので、フランス柔道の現在だけでなく、その形成過程を理解する助けにもなるだろう。第3章「現代フランスの学校教育と課外活動——スポーツの場合」（小林純子）ではフランスの課外活動のあり方について紹介する。フランスでは学校体育にも柔道を取り入れているが、学齢期の児童・生徒が課外活動ないしは完全に学校外の余暇活動として取り組むケースが主流である。フランスの課外活動は日本の運動部活動とは異なり、学校との関係は希薄である。学校外の余暇活動の場合は基本的に学校と関係がない。第3章ではこのようなフランスの子どもの放課後の活動の特徴について解説することで、フランス柔道が置かれている環境についての理解を深めるだけでなく、日本の学校の課外活動や部活動を相対化する視座も提示する。第4章「現代フランス社会とスポーツ」(磯直樹)ではフランスでのスポーツの組織や制度を概観する。柔道はクラブスポーツの一つであるとよくいわれるが、日本人がフランスのクラブのイメージをつかむのは難しい。そこで本章ではクラブスポーツを中心として、現在のフランスでスポーツがどのように社会に定着しているのかを紹介する。

第2部では、第5章「フランスにおける柔道の確立」(星野映)から第7章「フランス柔道と教育の接近」(星野映)まで、フランス柔道の組織や制度、そして指導法がどのように形成されたのかを歴史学的な視点から追っていく。これまでの現代柔道の研究では、国際柔道連盟と全日本柔道連盟・講道館の関係など競技団体が対象にされてきた。[4] また歴史的な視点から書かれたものに、二十世紀前半の柔術・柔道のグローバリゼーションを扱った論集『海を渡った柔術と柔道』や『柔術狂時代』[5] がある。しかし、どの研究もフランスでの柔道の定着過程を通時的に明らかにしているわけではない。

日本でフランス柔道の指導法や資格制度を紹介するとき、フランス柔道の歴史的・社会的文脈を踏まえておかなければ、紹介されたものがなぜフランスで機能しているのかを捉え損ねてしまうだろう。そして、この歴史的・社会的文脈の捉え損ねがフランス柔道の紹介を断片的なものにしているとも考えられる。そのため、第2部は本書の問題意識に応える重要な知見を提供することになる。

第3部「フランス柔道の教育観――日本柔道との比較を通じて」では、日本とフランスの柔道教育を比較する。第1部と第2部ではフランスの柔道教育に焦点を当ててきたが、フランスの柔道教育が埋め込まれた歴史的・社会的文脈の特徴は何なのか。この点について第3部では、日本柔道とフランス柔道の比較をおこなう。

日本で柔道が実施されるのは、主に学校体育や運動部活動でである。また柔道での事故や体罰などの報道が目立つのも学校である。そのため、第3部の第8章「日本の伝統文化と柔道教育の矛盾」(有山篤利)では、日本柔道がどのように教育と関連づけられてきたのか、またそこでの教育とは何を意味するのかを検討する。第9章「戦後日本における柔道の大衆化と高度化――全国中学校柔道大会の歴史を中心に」(中嶋哲也)では主に全国中学校柔道大会の歴史を振り返りながら、中学校部活動を舞台に柔道の大衆化と高度化がどのように図られたのかを概観する。そのうえで、第10章「柔道教育からみたフランスと日本」(中嶋哲也/有山篤利/星野映)では、第1部と第2部で紹介してきたフランス柔道の教育システムを概観し、フランスとの比較という視点をもちながら、日本の柔道教育の特徴を論じたい。

本書の肝は第1部と第2部にある。まずは、第1部と第2部を読んで、フランスの柔道教育とそれを取り巻く歴史的・社会的文脈をつかんでほしい。そのうえで、柔道教育のあり方について、読者のほうで考えをめぐらせてほしい。第3部は、筆者たちがそれについて考えをめぐらしてみた、いわば参考例である。

それでは、知られざるフランス柔道教育の世界へと足を踏み入れていこう。

注

（1）「ＩＯＣウェブサイト」（https://olympics.com/en/olympic-games/olympic-results）［二〇二一年十一月二十三日アクセス］。本文のメダル数は、一九六四年の東京オリンピックから二〇二一年の東京オリンピックまでの十四大会から算出している。また、公開競技として実施された一九八八年ソウル大会での女子七階級のメダル数も含んでいる。

（2）同ウェブサイト

（3）溝口紀子『日本の柔道 フランスのＪＵＤＯ』高文研、二〇一五年

（4）尾形敬史／小俣幸嗣／鮫島元成／菅波盛雄『競技柔道の国際化――カラー柔道衣までの40年』不昧堂出版、一九九八年

（5）坂上康博編著『海を渡った柔術と柔道――日本武道のダイナミズム』青弓社、二〇一〇年、藪耕太郎『柔術狂時代――20世紀初頭アメリカにおける柔術ブームとその周辺』（朝日選書）、朝日新聞出版、二〇二一年

第1部　フランス柔道の現在

第1章　二つの柔道場からみるフランス柔道

星野 映／磯 直樹

1　柔道人口

フランスでは、柔道が人気である。二〇一〇年代の日本で柔道人口は二十万人未満だったが、フランスでは五十万人台だった。また、フランスの柔道人口の大半は小学生によって占められていて、柔道は子どものスポーツとして定着している。

例えば、二〇一九—二〇年シーズンの連盟登録人口のうち、小学生年代（十二歳以下）が全体の六〇パーセント強を占める。この傾向はここ数年変わっていない。しかし、中学生年代に上がると減少する。フランスの中・高生年代の柔道人口は、全体の一〇パーセント強程度である。つまり、小学生まで柔道を習っていた子どもたちの多くは、中学生に上がる年齢になると柔道をやめてしまうのである。このことは、部活動で柔道を始める中学・高校生年代で登録人口が増加する日本とは異なっている。フランスの学校では、ごく一部の例外を除いて、部活動というものがない。本書ではフランス柔道を教育という観点からみていくが、この場合の「教育」は部活動のことではないことに注意が必要である。

他方で、二〇一〇年代の日本の場合、小学生は柔道の競技人口のうち二〇パーセント強を占める。これは、フランスと比べるならば少ないといえるだろう。日本の場合、中学生と高校生を合わせた競技人口が三〇パーセントを超えていて、このほとんどは学校の部活動の枠組みで柔道をしている。「指導者＋役員」と「社会人」を合わせた柔道の競技人口は、一〇年代には全体の三〇パーセント前後であった(1)。この多くは普段は柔道をしていない有段者であり、競技人口に数えるには実態を反映しないかもしれない。「指導者＋役員」と「社会人」で毎週のように柔道をしている人は、その一部でしかないだろう。

フランスの柔道人口が実態を反映しているかといえば、実はそうとも言いがたい。例えば、フランスの柔道には「タイソー（taiso）」と呼ばれる種目がある。これは日本語の「体操」に由来するのだが、より具体的には柔道のための準備体操と体慣らしのことを指す。フランスでは、子どもに柔道を習わせている保護者向けに、エクササイズとして「タイソー」のクラスを開講しているクラブが多くある。これは柔道そのものではないのだが、一部のクラブはこれも「柔道」として扱っている。そのため、フランス柔道連盟（ＦＦＪＤＡ）の柔道人口にも「タイソー」の受講者がわずかながら含まれている。このように、統計の不備を指摘しようと思えばいくらでもできる。しかし、多少の誤差があるにせよ、フランスの小学生の柔道人口が日本のそれよりも桁違いに多いことは確かである。フランスではどうして子どもの柔道人口が多いのか。それは、次章以降で解説する。

この十年、フランスの柔道人口は微小ながら減少傾向にある。コロナ禍で概してスポーツ人口は減っているが、相対的にみて柔道人口の減少は大きい。登録クラブの数も減少傾向にある。二〇一三―一四年シーズンでは五千六百あまりのクラブが柔道連盟に登録されていたが、一九―二〇年には五千三百あまりにまで減少した。後述するように、フランスにはクラブでの指導によって生計を立てる柔道指導者が数多くいる。クラブ会員数の多寡は、クラブの経営状況に直接影響を与えることになり、したがって、柔道指導者の収入にも影響を及ぼすことになる。一方、柔道以外の武道や格闘技の競技人口は、この二十年ほどで桁違いに増えている。特に合気道と空手の競技人口は増加していて、柔道に比較的似た武道や格闘技に競技者や愛好家が流れている可能性が考えられる。それでも、柔道の競技人口は、オリンピックの競技種目のなかでは四番目に多く、こうした競技よりも上位を維持し続けている。

2　なぜ柔道に人気があるのか

フランスで柔道がどうして人気があるのか。これは次章以降で議論する問題だが、ここでは簡潔に三点の理由を挙げておく。それは、①親が子どもにやらせたがること、②組織が整備されていて、連盟が柔道人口の増加に努めていること、③職業としての柔道指導者の地位が確立していて、柔道指導者がそれで生活できること、である。以上のような文化的・経済的・組織的基盤があり、柔道人気が支えられている。

小学生以下の子どもたちがスポーツを選択する際には、親の意向が反映されやすいだろう。親が子どもに柔道をやらせたいと考えるのは、柔道というスポーツに教育的な効果を期待していることが大きい。ＦＦＪＤＡは、「柔道は教育の手段である」[2]ということを明示している。前述のとおり、フランスの学校には基本的に部活動というものがない。部活動という枠組みではないところで、柔道を通じた教育が試みられているということが重要である。

日本で部活動は基本的に中学校と高校でおこなわれるものであり、小学校に部活動がないのは日本もフランスも同じである。前述のとおり、フランスの柔道人口の六〇パーセントを小学生年代が占めているのに対して、日本の場合はこの年代が占める割合は二〇パーセント強にとどまる。この数字からみえてくる一面は、日本の柔道人口は中学校と高校の部活動、およびその指導者によって支えられていることである。他方でフランスは、部活動という枠組みではない場で柔道が愛好され、二〇二一年には、三分の二が五歳から十四歳までに集中するという競技人口構成になっている。

フランスでは、中学校（コレージュ）に入ってから柔道を始める生徒もいる。ただし、例えばボクシングやバスケットボールのように、中学生年代になってから競技人口が増えるスポーツもあるが、柔道の場合はそうではない。ここで注意が必要なのは、スポーツの種目によって年代ごとの競技人口は異なるということであり、その理由はスポーツの種目だけでなく、国や地域ごとの歴史的背景によるということである。

フランスで柔道が小学生のスポーツとして人気があるのは、保護者からの支持があることも大きい。多くの保護者からすれば、柔道を通じて子どもが礼節を学べることは重要である。この背景には、現在のフランス社会の事情がいくつかある。

例えば、フランスの学校教員は、日本の場合と比べれば、児童・生徒の生活指導には関わらないように思われる。学校で子どもの生活習慣や態度を教育するという発想は、日本と比べると概して希薄である。そうすると、子どもは学校の外で生活態度や礼節を身につけることになる。家庭の事情はそれぞれであるとはいえ、子どもに礼節を身につけさせたい保護者の多くは、柔道に期待している。二〇一〇年前後、磯がフランス各地で柔道を習っている小学生の保護者十数人にインタビューした際、学校教員は子どものしつけはしないと語っていた。保護者たちはこのことに不満をもっているというよりも、子どもが学校で礼節を学ぶのは難しいと考えているようだった。

とはいえ、どうして柔道なのか。ほかのスポーツでも礼節を学べるではないかと疑問に思う人がいるだろう。これは指導者とクラブによって傾向が異なるとはいえ、スポーツ種目によって礼節を重視する内容と度合いには違いがあるようだ。磯が保護者にインタビューした際に彼らが話してくれたのは、ほかのスポーツでは身につかない礼節が柔道では身につく、ということだった。

磯が見学した柔道場は、パリ近郊、ディジョン近郊、ブルターニュ地方などにあったが、どこも礼節を重視していた。このことは、各クラブの柔道指導者がそれぞれインタビューで磯に語ったことと一致していて、磯が柔道の稽古の様子を見学した際にも確認できたことである。

例えば、道場に入るときと柔道のクラスが終わるときには、柔道家は礼儀正しく「レイ（礼）」と言うことになっていた。練習の始まりと終わりには正座をして整列する。これは、フランスの子どもがほかのスポーツをしている光景をある程度見たことがあれば、少し異様に感じるほど礼節を重視しているようにみえるだろう。

ただし、フランスらしい光景も見られた。例えば、稽古が終わり、整列して正座で挨拶をした後、子どもたちは柔道指導者のところへ走っていき、順番にビズ（挨拶のキス）をしてもらうのである。これは何度見ても、ほほ笑ましい光景だった。このように、柔道を通じて礼節を教える際にはフランスの慣習が反映されてもいる。

パリ郊外の柔道クラブ

シリル・アビディという、一九九九年から二〇〇七年にかけて格闘技のK―1で活躍したフランス人がいる。現役時代は毎年のように来日して試合をおこなっていたので、格闘技ファンのなかには彼のことを覚えている人も多いのではないだろうか。自身のウェブサイトに掲載しているプロフィル(3)によると、彼はモロッコ系とアルメニア系の移民としてフランスのマルセイユで生まれ育った。彼が住んでいたマルセイユ北部は、いまでも外国にルーツをもつ住民が多い貧困地区として知られている。彼が六歳のとき、母親は彼を非行から遠ざけようと柔道を習わせた。彼は四年間柔道を習った後、空手を始め、格闘家を目指すようになった。

プロの格闘家になった彼は特殊な存在ではあるものの、彼が育ったような貧困地区の社会問題に柔道を通して取り組んでいる人たちはフランスには相当数いる。ここで紹介したいのは、パリ郊外サンドニ市の、フランスの旧植民地に出自をもつ住民が多い貧困地区にある柔道クラブJCFM（略称）である。JCFMは二〇〇五年に創立された。〇五年というと、フランスでは大都市郊外の移民コミュニティを中心に全国で大暴動が起きた年である。

このクラブの代表であるファビアン・ファルジュ氏は、JCFMの活動拠点であるスポーツ複合施設に隣接する中学校の体育教師である。彼は二〇〇五年以前から、彼が教える中学校がある地区で、少年たちがエネルギーを持て余しているように感じていた。〇五年の暴動の際には、その地区でも多くの破壊行為がおこなわれた。ファルジュ氏は、子どもに柔道を教えることで規律を教え、暴力を減らせるのではないかと考え、柔道クラブを地区に設立することにした。最初は数人から始まったクラブだが、一一年には登録者数が百人を超え、一九年には百六十四人が登録した。そのほとんどが小学生である。

クラブとして順調な歩みであった。しかし、二〇二〇年からはコロナ禍になり、道場での活動がほとんどできなくなり、登録者数も激減してしまった。クラブとしての活動は、オンラインと屋外で続けている。二一年秋からは、道場での活動も再開した。クラブの登録者数が一九年の水準に戻るかどうかはわからないが、当該地区でJCFMは大きな価値をもつと認められているように思われる。

磯が複数のクラブに調査目的で通っていた二〇一〇年前後、柔道クラブに通う子どもの保護者十数人にインタビューをおこなった。その誰もが、柔道の教育的価値を高く評価し、柔道指導者に敬意を抱いていた。保護者はまず、教育のために子どもに柔道を習わせているようだった。

他方で、JCFMの子どものなかには、柔道の競技大会で全国レベルの実績を残す生徒も出てきた。JCFMは地域の子ども向けの柔道教室という側面が強く、競技柔道に特化した指導は難しい。ファルジュ氏はしかし、フランス代表として国際大会に出場経験がある柔道家を指導者として招くなど、競技柔道の道に進みたい子どもも支援している。

フランス南西部の柔道クラブ

続いて、フランス南西部に位置する小規模都市の、とある柔道クラブで星野が目にした光景から、フランス柔道の特徴をみていく。ちなみに、このクラブは全会員数は六百人を超えていて、メインの道場のほかにいくつかの道場を有する非常に大規模な組織である。これは地方のクラブの特徴だろう。

ここでは、パリや大都市のクラブとは異なり、広々とした道場に多くの人が集まることができる。道場の外には駐車場があり、道場には多くの人が自動車で訪れる。また、この地域では競合するほかのスポーツ種目のクラブも多くない。特に未就学児が加入できるスポーツクラブはさらに少ない。いくつかのスポーツのなかで柔道を選択する可能性は高いといえるだろう。クラブの指導者や子どもたち、中・高生や社会人など、あるいは保護者も含めて親睦を深めている。道場はまるで地域の人々の集会所の役割を果たしているようである。

子ども向けの柔道

平日の夕方十七時に星野が道場を訪れると、三十人以上の子どもが白い柔道衣を身にまとって整列していた。ここにいるのは全員六歳から七歳だという。整列して正座をし、先生の「レイ！（礼）」という日本語の号令でレッスンが始まる。

まずは単独でおこなう運動に始まり、複数人でおこなう運動では、ボールを使ったり、鬼ごっこのようなゲームをしたりと遊びの要素をふんだんに盛り込み、「体づくり運動」をおこなう。このなかには走る、回転する、跳ぶなどの基礎的な運動要素がまんべんなく盛り込まれていて、その一部には、柔道の「受け身」や「寝技」につながる動作も垣間見られた。柔道の練習として想定されるような受け身や技の指導は、練習全体の半分程度だっただろうか。

十八時に六歳から七歳のクラスのレッスンが終わると、今度は交代するように八歳から九歳の子どものレッスンが始まった。こちらも一時間のレッスンだが、先ほどよりも柔道の練習がやや多い。レッスンを通じて子どもたちは、柔道の技術の習得だけでなく、体を動かすことの楽しさを感じながら基礎的な身体能力を発達させていく。

フランスでは、クラブの規模や会員数にもよるだろうが、四歳から五歳、六歳から七歳、八歳から九歳……というように、柔道クラブの子ども向けクラスは年齢ごとに細かく分かれていることが多い。また、それぞれの年齢層・クラスによって柔道指導の内容や方法が異なっていることがわかる。子どもの発育・発達段階に応じた指導プログラムをＦＦＪＤＡが考案し、そのテキストを出版している。

現場のクラブをみても、子どもの参加人数の多さが際立っている。子どもが締める帯の色も多彩だった。もちろん日本でも、白帯だけでなく、黄色やオレンジ、緑などのカラフルな色帯を身につけた子どもの姿が町道場や地域の柔道クラブなどで見られる。しかしフランスでは、日本にもあるような単色の帯に加えて、白と黄色、黄色とオレンジ、オレンジと緑などのだんだら縞模様の帯を子どもたちが締めている。詳しくは第2章「フランス柔道の組織概要」（星野映）で述べることになるが、フランスの色帯は、日本の講道館で定めている「講道館級位（少年）基準」の七種類の帯よりも細かく分けられている。

子ども向けの色帯は、ＦＦＪＤＡの規定に基づいて各クラブの指導者が審査をして授与する。昇級の機会を設定して帯の色分けを細かく定めていることは、子どもたちのモチベーションの維持につながっている。色帯の種類をとってみても、ＦＦＪＤＡが子どもの柔道に力を入れていることがわかるだろう。

多様な選択肢

さらにその後には中学生以上の練習が始まった。ここでは中学一年生の男女から社会人までが練習していて、高校生以上はほとんどが黒帯を締めていた。打ち込み練習や乱取りなど二時間ほどで、日本の柔道の稽古としてイメージされるような練習内容だった。非常に激しく乱取りをおこなっている選手もいた。聞くと彼らは地方大会や全国大会で活躍することを目指していて、クラブが展開しているウエイトトレーニングやランニングトレーニングのプログラムにも参加しているという。

別の日の夕方に同じクラブの道場を星野が訪れた。このときは九歳から十一歳のクラスのレッスンが終了すると、入れ替わるように中・高生の練習が始まった。こちらに参加している生徒たちには黒帯がおらず、練習の内容も基礎的な技術の練習が中心だった。彼らに聞くと、練習に参加するのは週一回だけだという。中学生以上になると同じ年代であっても、参加の程度は生徒によってさまざまである。

日本の中・高生が本格的にスポーツをおこなうのは、ほとんどの場合、学校の部活動だろう。従来の部活動では、競技力が高く毎日練習をしたい生徒も、競技に関心はないが健康獲得や体力維持のために運動部に入った生徒も、一律で同じように活動に参加しなければならない。多様なニーズに応える部活動のあり方は、近年日本でも模索されている。

ところで、フランスでは十歳未満の子どもの対外試合は認められていない。そもそもFFJDAでは、試合（compétition）を競技（competitions sportives）とレジャー（competitions de loisir）の二種類に分類している。「競技試合」は、オリンピックや世界選手権を頂点とする国際大会のフランス代表選手を発掘・選抜することを目的としたものであり、「レジャー試合」は、「共生、活動の喜び、技術交流の楽しみなどを軸とした大衆スポーツイベント」(4)としている。

対外的なレジャー試合が認められるのは十歳から十一歳のバンジャマン（benjamin）と呼ばれる年齢層からだが、全国規模の大会の開催は認められておらず、地域ごとの開催に限定される。また、体重区分は安全性などに配慮して男子十階級、女子九階級と細かく定められている。バンジャマンの試合は、「落ち着いた教育的雰囲気のなかでの試合に、子どもたちの発見を伴わなければならず、子どもたちは「参加から表彰にいたるまで、教育的な文脈におかれなければならない」(5)」とされている。

レジャー試合の全国規模の大会がおこなわれるのはミニム（minime）と呼ばれる十二歳から十三歳の年齢層からで、日本でいえば中学一年生からということになる。やはり、男子十階級、女子九階級と細かな体重区分がなされたうえで実施される。とはいえ、この試合は「教育の文脈で全国規模での自己表現ができるようにする」ことが目的であり、「活発さや経験の獲得、ふれあいや交流が、競技成績よりも優先される(6)」としている。このように、子どものレジャー試合では、柔道を通じた教育を目的としていることが明示されているのである。

競技試合を実施できるのは十四歳以上である。それ以降はカデ、ジュニア、シニアと国際大会の年齢区分に準じて地域から全国までの規模で大会をおこなっているが、一方でこの年齢層でもレジャー試合はおこなわれる。それだけでなく、寝技だけの試合や形の試合、三十歳以上の年齢別や色帯別の大会など、きわめて多様な柔道の試合がフランス各地で実施されている。

つまり、日本の競技スポーツでイメージされるような、「世界チャンピオン」や「全国チャンピオン」を頂点として、その下に地方大会や県大会が設定されるというようなピラミッド構造にとどまらない多様な試合を設定している。もちろん日本でも、特に近年では、それぞれのニーズに応じた多様な柔道大会が各地でおこなわれている。だが、このような多様なスポーツ実践のあり方を重視し、個人個人がそれぞれに合ったかたちで柔道への関わりを選択できるような仕組みを、フランスでは柔道連盟が定めているのである。そして、試合だけでなく、人々の柔道参加のありようはさまざまであり、それに応えるようにクラブは多様なクラスを設定している。

柔道タイソー

子どもの練習が終わると、先ほどまで柔道衣を着ていた指導員が、また、子どもの送り迎えにきていたはずの保護者が、フィットネスウエアに着替えて道場に現れた。その大半は女性である。道場の四方にマットやフィットネス器具を用意し、指導員が音楽をかけると一斉に何やらエクササイズが始まった。メニューには腹筋運動やボクササイズに加え、柔道の練習でおこなわれるような基礎運動も含まれている。

これは先述の「タイソー（taiso）」と呼ばれるもので、ＦＦＪＤＡが「柔道の伝統的な準備運動を基にした、現代的な方法」と定義したものである。その目的としては、①筋力強化、②動作制御の向上、③柔軟性の向上、④リラックスの四つを挙げているが、要は、柔道の動作を織り交ぜたエクササイズのことである。

これはスポーツの得意／不得意を問わず、柔道未経験者でもけがのリスクなく実践できるものとして、健康獲得を目的としたスポーツ参加への意志が高まるなかで大いに注目されている。健康獲得のためのスポーツ参加の要望と、保護者など新たな参加者を取り込みたいクラブやＦＦＪＤＡの要求が一致して、タイソーは広がっている。現在、千五百近くの柔道クラブがタイソーのクラスを提供しているという。

ちなみに星野が訪れたクラブでは、タイソー以外にも、先ほど述べた大会を目指している選手たちが参加するトレーニングプログラムや、ストレッチングの指導などを提供している。

昇段審査

またある日、中学生から社会人のクラスが終わると、二十代の二人組が残って練習を続けていた。一方の人が技をかけると、もう一方の人がそれに応じて技を防ぎ、反対に技を仕掛ける。そうすると仕掛けられた人は技を受けてきれいに受け身をとる。このように、日本でいう「約束稽古」をおこなっている彼らは昇段審査に向けての準備をしているという。

約束稽古が昇段試験の準備、というのはどういうことだろうか。日本でおこなわれている昇段試験は、基準の修行年限を満たしたうえで、指定された試合の「勝ち」や「引き分け」の点数と「形」の演武の審査によっておこなわれるのが一般的だろう。そのため、日本で昇段試験の準備というと、「形」の練習を想起するかもしれない。

フランスの昇段試験でも、「形」の審査はおこなわれるし、「試合」のポイントも必要になる。現在フランスでおこなわれている昇段試験は複雑である。先に述べた子ども向けの色帯とは異なり、黒帯以上すなわち初段以上の昇段については、段位によって審査項目や判定基準は異なるものの、各地域での試験を経て、ＦＦＪＤＡの専門委員会が取り仕切ることになっている。

さらに高段位の昇段を目指す人たちのなかには、「正しい」技術を習得するために、わざわざ日本に来て講道館の講習会を受ける人もいるという。フランス柔道の昇段試験は、それだけ「受験勉強」が必要な内容になっている。この昇段試験についても次章で述べることにする。

注

（1）全日本柔道連盟「全日本柔道連盟個人登録者数推移2004年〜2021年」（https://www.judo.or.jp/cms/wp-content/uploads/2022/03/%E3%80%8C%E7%99%BB%E9%8C%B2%E4%BA%BA%E5%8F%A3%E3%81%AE%E6%8E%A8%E7%A7%BB%E3%80%8D%E3%83%87%E3%83%BC%E3%82%BF-%EF%BC%882021%E5%B9%B4%E5%BA%A6%E6%9C%AB%E7%89%88%EF%BC%891-4.pdf）〔二〇二二年五月二日アクセス〕。「公益財団法人全日本柔道連盟登録規程」の第四条第二項では、「個人会員資格による登録の区分は、役員・指導者（役員等、学校顧問）、競技者（社会人、大学生、高校生、中学生、小学生および未就学児）とする」と定めている（https://www.judo.or.jp/cms/wp-content/uploads/2021/03/%E7%99%BB%E9%8C%B2%E8%A6%8F%E7%A8%8B%EF%BC%882022.3.16%E6%94%B9%E6%AD%A3%EF%BC%89.pdf〔二〇二二年五月二日アクセス〕）。

（2）「フランス柔道憲章」（https://www.ffjudo.com/charte-du-judo-francais）〔二〇二二年五月二日アクセス〕

（3）シリル・アビディの個人ウェブサイト（http://www.cyrilabidi.com/）は、磯が本稿を執筆していた二〇二一年八月に閲覧し、この情報を確認した。しかしながら、本章の校正作業をおこなった二二年四月に同ウェブサイトにアクセスしようとしたところ、すでに閉鎖されていた。

（4）フランス柔道連盟の「公式テキスト」五ページ（https://www.ffjudo.com/textes-officiels-1#）〔二〇二二年五月二日アクセス〕

(5) 同テキスト四六ページ

(6) 同テキスト四四ページ

第2章　フランス柔道の組織概要

星野　映

1　統括連盟と登録者数

ＦＦＪＤＡとその概要

本章では、フランスの柔道の組織や制度を概観していく。フランスで柔道を統括するスポーツ連盟はフランス柔道連盟（Fédération française de judo）と呼ばれるが、同連盟の正式名称はフランス柔道柔術剣道・関連武道連盟（Fédération française de judo, jujitsu, kendo et disciplines associées：以下、ＦＦＪＤＡと略記）である。すなわち、「柔道・柔術」「剣道」「なぎなた」「杖道」「居合道」「スポーツ・チャンバラ」「弓道」と、柔道以外の各種武道も同じ連盟の傘下にある。このうち剣道・なぎなた・杖道・居合道・スポーツ・チャンバラの五種目は、全国剣道・関連武道委員会（Comité

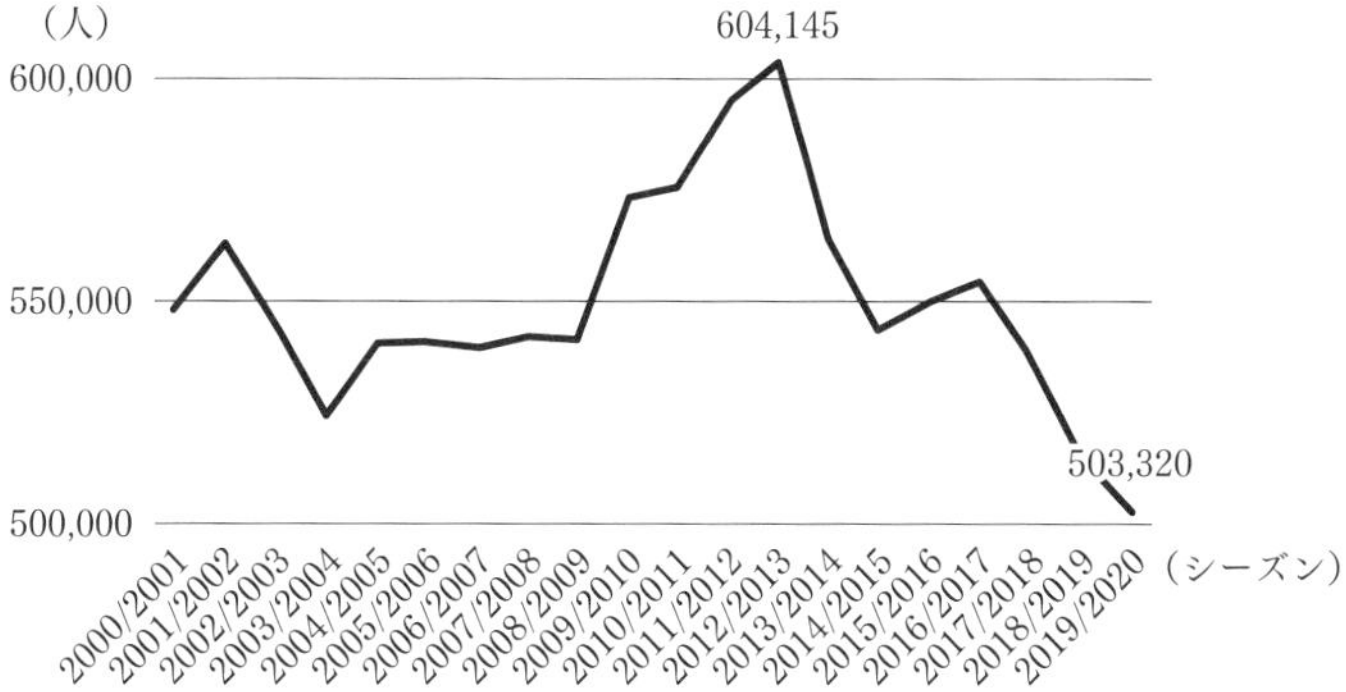

図1　FFJDA 登録者数の推移（2000―20年）（筆者作成）

national de kendo et disciplines rattachées）が統括していて、同委員会として国際剣道連盟やヨーロッパ剣道連盟に加盟している。また、弓道は全国弓道委員会（Comité national de kyudo）が統括していて、こちらも独自に国際弓道連盟に加盟している。

ＦＦＪＤＡは九月一日から翌年八月三十一日までを一シーズンとして、毎シーズンの登録者数を公式ウェブサイト上で明らかにしている。[1] 二〇一九―二〇年シーズンの各武道の登録者数を比べると、柔道・柔術五十万三千三百二十人、剣道四千三百七十四人、なぎなた百四十人、杖道三百七十六人、居合道千五百九十八人、弓道七百九十四人、スポーツ・チャンバラ千五百十九人と、ＦＦＪＤＡ登録者の大半が柔道（および柔術）であることがわかる。

図１は、ここ二十年間のＦＦＪＤＡ登録者数を表したものである。二〇一二―一三年シーズンに六十万人を超えて最大値を記録し、以後は減少傾向にあるといえるが、それでもおおむね五十万人から五十五万人程度で推移している。なお、一九―二〇年シーズンに減少しているのは、新型コロナウイ

ルスがヨーロッパでも猛威をふるうようになり、フランスでも柔道を含むあらゆるスポーツ活動が停止してしまったことが一因だと考えられる。

ちなみに、ＦＦＪＤＡは個人の登録費を一律で四十ユーロに定めている。登録費はＦＦＪＤＡにとって大きな収入源であり、登録者数の確保はＦＦＪＤＡにとって収入の確保を意味するのである。(2)

リーグとデパルトマン

おおむねフランス全体の行政区画と同じように、フランス本土と周辺の島嶼部、さらに海外県を加えた地域圏ごとに十三のリーグを設けている。さらにその下には県（デパルトマン）単位で、およそ百近くの小委員会が設置されている。例えば、ワインの産地として有名なボルドーがあるジロンド県では、ジロンド柔道委員会が柔道に関する活動を担っていて、そのジロンド柔道委員会はヌーヴェル＝アキテーヌ・リーグの団体の一つと位置づけられている。フランスの海外県および海外地域圏（départements d'outre-mer et territoires d'outre-mer）や海外領土にも多くの柔道クラブが存在し、これらも地域のリーグや、あるいはクラブ単位で直接ＦＦＪＤＡに加盟している。

また、ＦＦＪＤＡのウェブサイトでは、各リーグやデパルトマンごとに、それら地域・県の団体を通してＦＦＪＤＡに加盟したクラブの名称と、クラブごとの登録者数およびその男女比を掲載している。同じくジロンド県を例にとると、百六十八ものクラブが加盟していて、一万六千二百二十三人の登録者を数える。さらにその上位組織であるヌーヴェル＝アキテーヌ・リーグ全体では九百一ものクラブ、四万九千七百二十四人がＦＦＪＤＡに加盟している。(3)

表1　リーグごとのクラブと登録者数（筆者作成）

リーグ	クラブ数	登録者数（人）
イル＝ド＝フランス	1,272	100,952
サントル＝ヴァル・ド・ロワール	356	21,260
ブルゴーニュ＝フランシュ＝コンテ	437	21,982
ノルマンディー	460	28,419
オー＝ド＝フランス	768	45,262
グラン＝テスト	874	42,115
ペイ・ド・ラ・ロワール	396	28,502
ブルターニュ	423	25,119
ヌーヴェル・アキテーヌ	901	49,724
オクシタニー	909	42,335
オーヴェルニュ＝ローヌ＝アルプ	895	58,985
プロバンス＝アルプ＝コート＝ダジュール	740	34,353
コルス	112	2,148
グアドループ	62	2,255
マルティニーク	73	2,354
ギアナ	23	1,415
レユニオン	68	3,164
ニュー＝カレドニア	49	1,208
その他	27	569

※数値は2019-20シーズンのもの。

地域ごとにバラつきはあるものの、フランス全体にまんべんなく柔道クラブは存在していることがわかるだろう。特にパリを含むイル゠ド゠フランス・リーグには千を超えるクラブと十万を超える登録者がいる（表1）。ちなみに、パリに限定すると、パリ柔道委員会には百六のクラブ、一万六百六十人が加盟していて、パリ市内では平均すると各クラブに百人の会員がいることになる。[4]

さらに、FFJDAの公式ウェブサイトからは、「柔道」「剣道」「弓道」などに分類された武道、「幼児向け柔道」や「競技柔道」「護身術」など、それぞれの目的に応じて、条件に合った最寄りのクラブを検索することができる。[5]

フランスにおけるスポーツ連盟

次に、フランスのスポーツ連盟の実態を概観し、フランスのスポーツ全体のなかでの柔道の特徴を考えていきたい。

フランスのスポーツ連盟はオリンピック・スポーツ連盟（Fédération unisport olympiques）、非オリンピック・スポーツ連盟（Fédération unisport non olympiques）、複数スポーツ連盟（Fédération multisport）の三種類に大別され、それらを合わせて百十三の全国的なスポーツ連盟が存在し（二〇二一年時点）、その多くはフランスオリンピック委員会にも加盟している。

三種類のうち連盟の数が最も多いのは非オリンピック・スポーツ連盟で、合気道やローラースケートなどオリンピックの競技に含まれていないスポーツの連盟からなり、バスク・ペロタ連盟やジュ・ド・ポーム連盟などの、ローカルあるいは伝統的なスポーツも含めて五十二の連盟が公認されている。[6]

一方で、登録者数が最も多いのはオリンピック・スポーツ連盟である。連盟の数は三十六だが、登録者数はスポーツ連盟登録者全体の五六パーセントにあたる、九百万人以上がオリンピック・スポーツ連盟に登録していて、オリンピック競技の人気が根強いことがわかる。[7] FFJDAは、もちろんオリンピック・スポーツ連盟の一つに数えられる。

複数スポーツ連盟はサッカーやテニス、柔道といった単一のスポーツ競技を統括する連盟ではなく、大学スポーツ連盟（Fédération française du sport universitaire）や企業スポーツ連盟（Fédération Française du Sport d'Entreprise）、労働者スポーツ・体操連盟（Fédération sportive et gymnique du travail）など、それぞれの活動目的などに応じて組織されたスポーツ連盟である。

フランスの国立青少年民衆教育研究所（Institut national de la jeunesse et de l'éducation populaire）は、すべてのスポーツ連盟の統計を毎年発表している。これは登録者や加盟クラブの数値に加え、それらを地域圏や県ごと、あるいは性別や年齢層別に分けて明らかにするものである。フランスでは、いわばスポーツの国勢調査が毎年おこなわれているのである。この調査データをもとにした分析も実施していて、スポーツ連盟ごとの登録者数の順位も明示される。また、それぞれの地域差やジェンダー・バランスなど、スポーツ連盟ごとの特徴や傾向も把握することができる。[8]

FFJDAはサッカー連盟、テニス連盟、馬術連盟に続いて四番目の登録者数を誇っている。FFJDAに続いてハンドボール、バスケットボール、ゴルフ、ラグビー、体操、水泳と、フランスで人気のオリンピック競技のスポーツが並んでいる。[9] ちなみに、フランスではサッカー連盟の登録者数が圧倒的に多く、毎年二百万人を超えている。

また、柔道連盟の男女比はおおよそ七対三で男性の割合が高く、男性だけの登録者数だけであればサッカー、テニスに次いで三番目に多い数値になっている。ただ、オリンピック・スポーツ連盟と非オリンピック・スポーツ連盟を合わせた単一スポーツ連盟全体でも男性の割合は六八パーセントであり、フランス社会で柔道が極端に男性化されたスポーツと認識されているというわけではないだろう。[10]

FFJDAの最も注目すべき点は、子どもの人口の多さである。確かに、フランスのスポーツ連盟の登録者の大半は十歳台で占められていて、十五歳未満の割合が全体の四〇パーセントと、スポーツ実践者のうち若年層が占める割合は全体でみても多いといえるだろう。しかしながら柔道に関しては、例えば、二〇一八年度のFFJDA登録者約五十四万人のうち、十五歳未満の子どもは約三十八万人にのぼる。[11] つまり、柔道人口のおよそ七〇パーセントが子どもで占められていることになる。

とはいえ、青少年期になるとその割合が減少していく。一般に、二十歳台からスポーツ実施率は下がるようだが、フランスのスポーツ連盟全体でみると十五歳から二十九歳の割合はおよそ二三パーセントになっている。だが、FFJDAの十五歳から二十九歳までの登録者数はおよそ六万五千人と、全体の一〇パーセント強程度にとどまっている。[12] ちなみに、他の武道種目と比較しても、FFJDAは子どもの登録者数の割合が高い。近年フランスでは、空手の人気も高まっており、フランス空手連盟（Fédération Française de karaté et disciplines associées：以下、FFKと略記）の登録者数はおよそ二十四万人である。[13] 第7章「フランス柔道と教育の接近」（星野映）でみるように、もともと空手は実践者数もそれほど多くなく、ＦＦＪＤＡ傘下の一部門にすぎなかったが、一九七七年にはフランス空手連盟として独立した連盟を設立して、現在に至っている。二〇二〇年度のＦＦＫの十五歳未満の登録者数はおよそ十一万人だった。柔道は全体のおよそ七〇パーセントが子どもであるのに対して、空手の子どもの割合は五〇パーセントに満たないのである。前章で示したようなフランスでの子どもの柔道人気が、こうした具体的な数字からも明らかである。

2　フランスの柔道指導者の実際

ＦＦＪＤＡは、二〇二一年一月から二月にかけて柔道指導者にアンケート調査をおこない、二千九百九十六人から回答を得た。当時ＦＦＪＤＡ副会長で指導者養成担当だったフレデリック・デモンフォコンによれば、これは「柔道指導者のニーズや期待をよりよく理解して、連盟の政策を方向づける[14]」ために実施されたものだった。以下ではそのアンケート結果を参照しながら、フランス柔道の屋台骨を支える柔道指導者の実態に迫っていきたい。

柔道指導者の八五パーセントは男性であり、ＦＦＪＤＡ登録者全体の男性率（七〇パーセント）よりも高い割合になっている。また、柔道指導者の年齢層の中央値は四十五歳から五十歳である。四十一歳から五十歳の年齢層が二七・二四パーセント、六十歳以上も二〇パーセントほどいて、全体の七〇パーセントが四十歳以上となっている（表2）。フランスのスポーツ指導者全体の年齢の中央値は三十五歳であり、また、フランスの全就労者の年齢中央値は四十二歳とされているが、柔道指導者は平均して高齢だといえるだろう。

また、学歴に関する質問もおこなわれた。アンケート回答者のうち、二十五歳以下の九八・五九パーセントがバカロレア取得者だった。若年層ほど高等教育を受けた柔道指導者の割合は高く、六十歳以上の柔道指導者であればバカロレア取得者は六六・九〇パーセントにとどまっているが、全体として九〇パーセント近くの指導者がバカロレアを取得している。[15] このようにフランスの柔道指導者は教育水準が高く、また、若年層ほどその傾向が強い。

「なぜ柔道指導者になったのか？」について一から十までの点数で答えるという質問に対しては、

表2　指導者の年齢層とその割合（筆者作成）

年齢	回答者数	割合
25歳以下	142人	4.74%
26―30歳	199人	6.64%
31―35歳	234人	7.81%
36―40歳	309人	10.31%
41―50歳	816人	27.24%
51―55歳	364人	12.15%
56―60歳	347人	11.58%
61歳以上	585人	19.53%

表3　柔道指導者の年代別バカロレア取得率（筆者作成）

年齢層	割合
25歳以下	98.59%
26―30歳	94.95%
31―35歳	97.44%
36―40歳	94.48%
41―50歳	92.15%
51―55歳	84.29%
56―60歳	81.22%
61歳以上	66.90%

その指標が最も高いのが「柔道が好きだから」という理由だった。続いて「教えることが好きだから」「柔道が伝える価値観のため」という理由も多くの指導者が答えている。

他方で、収入は柔道指導者になるための動機としては重視されていない。フランスでは、柔道で生計を立てている、いわば「プロ」の柔道指導者が多いというイメージがあるかもしれない。しかし、アンケートによれば柔道指導を主な収入源とする人は、柔道指導者全体のわずか二五パーセントにすぎない。柔道以外のスポーツも合わせて指導することで生計を立てている指導者も八パーセントほどいるが、それ以外の人々は公務員（二二パーセント）や会社員（一一パーセント）など別のかたちで生計を立てて柔道指導に携わっている。とはいえ、柔道の活動で報酬を得て税務申告している柔道指導者は全体の五三パーセントと半数を超えていて、まったくのボランティア活動で柔道指導をおこなう指導者が多いわけではない[16]。柔道を含めて何らかのスポーツの指導の活動に対して一定額の報酬が支払われるというスポーツ指導者のあり方は、フランスでは一般的であり、学校部活動や地域のクラブなどでほぼ無報酬のスポーツ指導者に依存している日本とは大きく異なる、フランスの特徴だろう。

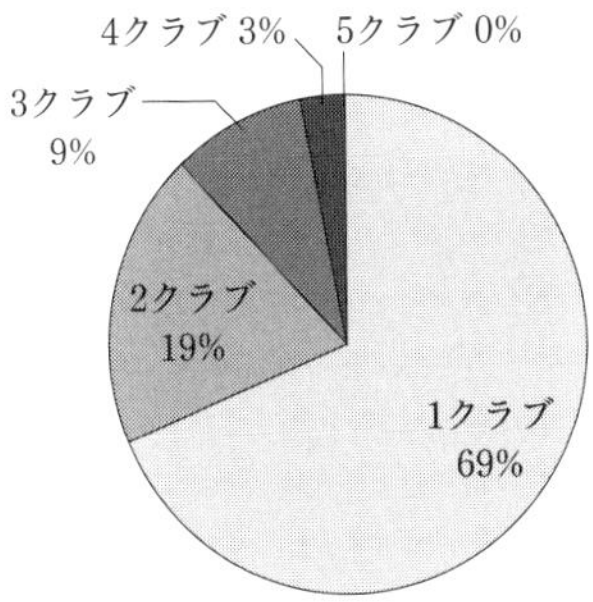

図2　問い「いくつのクラブで指導していますか？」（筆者作成）

また、六八パーセントの柔道指導者は単一のクラブで活動していて、一九パーセントが二つのクラブで、一二パーセントが三つ以上のクラブで教えている（図2）。柔道を主な収入源としているいわゆる「プロ指導者」は平均して二つのクラブで指導しており[17]、大半が週に二十時間以上柔道を教えるのに費やしている[18]。だが、クラブを運営するうえでは、ほかに研修に参加したり、生徒が参加する試合に帯同したり、管理運営の業務にも時間を割かなければならない。こうした時間は、実際に柔道を教えるのと同じくらいの時間を費やすという[19]。

柔道を主な収入源としている指導者の場合でも、柔道指導による収入の中央値は月収千五百ユーロ（一ユーロは約百三十円）で、三千ユーロを超える指導者は全体の二パーセントにすぎない。決して高収入とはいえないだろう。また、時給換算すると、プロではない柔道指導者とたいして変わらないことが明らかになっている[20]。

柔道指導の収入が高くない理由として、調査の報告書では、クラブの年会費や月謝を安く設定していることが理由と分析された。全体の七〇パーセント以上で、年会費は百九十ユーロ以下に設定されている。もちろん人口比や地域の平均収入によって、会費の設定額や柔道指導による報酬額は異なる。例えばパリを含むイル＝ド＝フランスは、三分の二以上の柔道指導者が時給換算で二十五ユーロ以上の報酬を得ている[21]。

とはいえ、あらゆる柔道家が柔道に関する活動で自由に報酬を得られるわけではなく、政府から認定された免許を取得しなければ柔道指導による報酬を得ることはできない。柔道だけでなくスポーツの技術や知識を教えることが、フランスではきわめて専門性が高いおこないと認識されているといえるだろう。表4は二〇二一年時点の柔道指導者に関する資格を分類したものであり、それぞれ必要とされる講習会や試験を経て認定される。このうち報酬を受けることができるのは表4の1

表4　フランスの柔道指導者資格の分類と概要（筆者作成）

名称	概要
1 青少年・大衆教育・スポーツ高等国家資格免状 Diplôme d'Etat Supérieur de la Jeunesse, de l'Education Populaire et du Sport（DESJEPS）	柔道柔術専門のスポーツ教師として、あらゆる組織や団体で指導することができ、それに対して報酬を受けることができる。連盟の技術顧問を務めることができる。
2 青少年・大衆教育・スポーツ高等国家資格免状 Diplôme d'Etat de la Jeunesse, de l'Education Populaire et du Sport（DEJEPS）	柔道柔術専門のスポーツ教師として、あらゆる組織や団体で指導することができ、それに対して報酬を受けることができる。また、全国レベルの選手の監督や BPJEPS、CQP、AS の養成講習会で講師を務めることができる。
3 青少年・大衆教育・スポーツ専門職免許 Brevet Professionnel de la Jeunesse, de l'Éducation Populaire et du Sport（BPJEPS）	柔道柔術専門のスポーツ教師として、地方自治体やスポーツ組織、学校その他の施設などでの柔道指導ができ、報酬を受け取ることができる。
4 武道指導員専門資格 Certificat de Qualification Professionnelle Moniteur d'Art Martiaux（CQP MAM）	フランス格闘技連盟に加盟しているスポーツ組織など、中小規模の組織や機関での柔道指導で、報酬を受けることができる（年間360時間まで）。
5 ボランティア指導資格 Certificat fédéral pour l'enseignement bénévole（CFEB）	FFJDA によって認定される資格で、単一の組織で、無報酬で柔道指導をおこなうことができる。有効期限は1シーズンとされている。
6 代理指導員 Animateur suppléant（AS）	FFJDA によって認定され、地域リーグから交付される資格で、BPJEPS、DEJEPS、DESJEPS、BEES、CFEB など独立した指導者を補佐することができる。
7 クラブ補助員 Assistant club（AC）	FFJDA によって認定されリーグから交付される資格で、BPJEPS、DEJEPS、DESJEPS、BEES、CFEB など独立した指導者の補助ができる。

表5 「あなたにとって指導者がしなければならないことは？」（1—10点で回答）（筆者作成）

項目	平均値（点）
価値観を教えること	7.27
生徒たちを楽しませること	7.26
生徒が活動を通して自分自身を作り上げることができるようにすること	7.09
技術を教えること	6.8
生徒を高い競技レベルに引き上げること	5.72
その他	4.7

から4を取得している指導者だけである。

柔道指導者の役割

柔道指導者の多くは自らを、単なるスポーツ指導者というよりも、価値観を伝える教育者（éducateur）や知識を伝える教師（professeur）と考えているという。また、指導者たちは、「生徒の競技力を向上させること」や「技術を教えること」よりも、「価値観を教えること」や「生徒たちを楽しませること」を重視している（表5）。つまり、フランスの柔道指導者は自らを「柔道を通じた教育者」として理解しているといえるだろう。

こうした柔道指導者たちの意識は、子どもに柔道を習わせる保護者に共有されているといえる。「保護者がなぜ柔道を選択するのか」について、柔道指導者は「柔道は敬意や秩序などの価値観を教えてくれる」ことや「柔道が子どもたちを抑圧から解放し導く」こと、「柔道をすることが子どもの身体的な発達に有益である」ことなど、柔道に何らかの教育的な効果があり、そのことを認識する保護者が柔道を子どもに習わせていると考えている。[22]

では、その「教育」の中身とは具体的にどのようなものだろうか。武道と教育といった場合には、嘉納治五郎に代表されるような教育思想のようなものを想起するかもしれない。もちろん思想的・

道徳的な側面に関してもＦＦＪＤＡはコード・モラル（道徳規範、code moral）を提示していて、また、嘉納治五郎が提唱した「精力善用・自他共栄」や「心技体」も補完的な価値として掲げている。

だがそうした教育思想とは別にＦＦＪＤＡでは、子どもに特化した柔道の実践的なプログラムを考案してきた。そのプログラムの内容は現在までに発行した、四歳から五歳、六歳から八歳、九歳から十二歳、十三歳から十五歳、十五歳から十七歳と年齢層に応じた柔道の指導テキストにまとめている。これらのテキストは、子どもの身体的・精神的な発達・発育段階に応じた指導方法や練習メニューなどを、写真付きで紹介したものである。

図3　FFJDA『6—8歳の柔道（*Le Judo des 6-8 ans*）』4 Trainer、2015年、カバー

例として『6—8歳の柔道』の内容をみてみると、「理論的アプローチ」と「実践的アプローチ」の二部構成になっている。「理論的アプローチ」では、この年代の身体的・生理学的・知的・心理学的・社会的な特徴の概説に始まり、運動機能や技術の習得、あるいは対人関係や精神的な発達などに関する目的とその方法を示し、また、指導者が注意すべき点や方法論について書いている。「実践的アプローチ」では、受け身や体さばき、「エビ」など柔道の基本動作や、いくつかの立ち技や寝技の技術を楽しみながらおこなう方法を示している。また、その日の活動を通じて元気に高揚した子どもたちを、最後

には再び落ち着かせて練習を終えるための方法の例を示している。例えば、「子どもたちを横に寝かせ、合図で先生の周りに静かに集まる」や「二人一組になって、一人がもう一人の動作をまねる」などである[23]。

このように子どもの心身の発達や対人関係能力の育成を目指す教育学的な方法として、柔道が実践されている。これらを次節で示す色帯のシステムと並行して用いることで、フランスでは子どもの教育としての柔道が成立しているといえるだろう。

3　色帯と昇段試験

黒帯未満の色帯

白帯と黒帯の間に八種類のカラフルな帯を設定していて、各クラブの指導者が生徒の熟達度に応じて授与することができる。ＦＦＪＤＡではそれぞれの色に応じた標準年齢を示しているが、これはそれぞれの昇級できる最低年齢を示すものである。つまり、優秀な生徒であれば昇級を早めることもでき、あるいはほかの生徒よりも成績が悪いと判断された生徒の昇級を遅らせることも自由である[24]。

表6は、帯の色とそれに対応した標準年齢、および基準になる立ち技と寝技の技術を示したものである。大外刈りや一本背負い投げ、袈裟固めや上四方固めといった試合の決まり技で頻繁にみら

れるポピュラーな技だけでなく、日本の講道館や国際柔道連盟（ＩＪＦ）の技名称にはない「襟落とし」や「首投げ」などの俗称も含まれている。また、立ち技には護身術も含まれていて、このことはフランス柔道の萌芽期に川石《かわいし》酒造之助《みきのすけ》（第５章「フランスにおける柔道の確立」〔星野映〕で詳述）が護身術を重視したこととの連続性を感じさせる。

表６で示した立ち技と寝技の技術のほかに、受け身や柔道に関する語彙・知識なども昇級の基準に含まれている。語彙・知識とは、例えば、下位の級であれば「柔道を考案したのは誰か？」（答

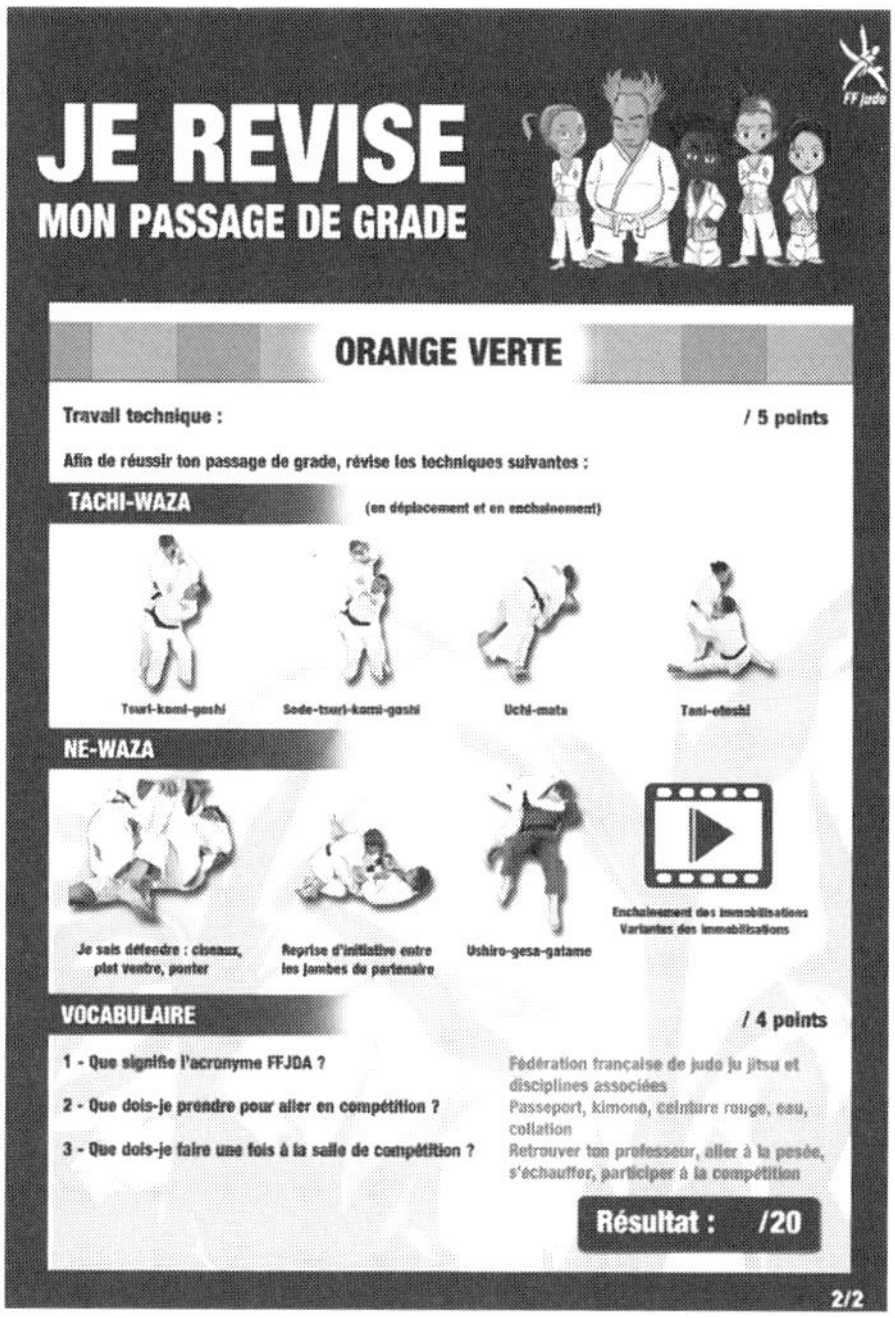

図4　橙緑帯の昇級要件
（出典：FFJDA〔https://www.ffjudo.com/uploads/elfinder/GRADE/PR%C3%89PARER%20SON%20PASSAGE%20DE%20GRADE/PDF/14%20-%20Orange%20verte.pdf〕［2021年12月30日アクセス］）

表6　FFJDA が定める色帯とその基準（筆者作成）

帯の色	標準年齢	立ち技	寝技
白	4歳以上		
黄縞1	5歳以上	大外刈り、小外刈り、体落し	縦四方固め、横四方固め
黄縞2	6歳以上	支え釣り込み足、膝車、大腰、浮き腰、首投げ	袈裟固め、上四方固め
白　黄	7歳以上	双手背負い投げ、襟背負い投げ、一本背負い投げ、小内刈り、大内刈り	「亀」の体勢の相手を両手で返す
黄	8歳以上	襟落とし、小外掛け	崩上四方固め、崩袈裟固め、足を使って相手を返すなど
黄　橙	9歳以上	腰車、足車、払い腰、送足払い	絡まれた足を外すなど
橙	10歳以上	技を避ける、防御する、前後に体をさばくなど	後袈裟固め、「亀」の体勢の相手を返すなど
橙　緑	11歳以上	釣り込み腰、袖釣り込み腰、内股、谷落とし	抑え込まれた状態から逃れる（脚を絡める、うつぶせなど）
緑	12歳以上	手車、後ろ腰、巴投げ	うつぶせになった相手をひっくり返す
緑　青		外巻き込み、跳ね腰、払い釣り込み足、双手刈り	さまざまな体勢の相手を返すなど
青	13歳以上	肩車、朽木倒し、踵返し、移り腰、裏投げ、横車、隅返し	三角絞め、相手を返す、個別のプログラム
青　茶		護身術、投の形（手技）	絞技各種
茶	14歳以上	護身術、投の形（手技、腰技）	肩固め、枕袈裟固め、関節技各種

えは嘉納治五郎)、「フランスに柔道を紹介したのは誰か?」(答えは川石酒造之助)、「柔道のマットのことを何と呼ぶか?」(答えはタタミ)などといった基礎的な知識から、級が上がるにつれて「フランスで最初の柔道オリンピックチャンピオンは誰か?」(答えはアンジェロ・パリジ)や「講道館が設立されたのは何年か?」(答えは一八八二年)など、幅広く柔道に関する情報を問うものである。

黒帯以上の昇段試験

では、黒帯以上の審査すなわち昇段審査はフランス柔道でどのようにおこなわれているのか。フランスの武道に関する段位は行政命令によって規定されていて、FFJDAの段級位専門委員会(Commission Spécialisée des Dan et Grades Équivalents)の決定をスポーツ行政当局が追認するというかたちをとっている。FFJDAに加盟する柔道家は、この段級位専門委員会での審議を経て授与された段位以外を自らの段位と称することができない。

FFJDAの段級位規程(Règlement des Grades)によると、「段位は心と体すなわち心技体のレベルを示したもの」とされていて、それを判断する昇段の条件が審査項目や修行年限で規定されている。[25] 初段から四段までは各地域で審査会をおこない、高段者とされる五段以上は全国審査になっている。またFFJDAは、六段昇段者のリストで故人も含めてすべての柔道家の氏名を公開している。[26] ちなみに、最高位の十段はこれまでに二人いるが、彼らの功績については第2部「フランス柔道の教育システムの成立」で言及する。紅帯を締めることができるとされる九段と十段の昇段者は表7にまとめている。

表7　FFJDA の9段・10段（2021年現在）（筆者作成）

段	氏名	昇段年月日
10段	川石酒造之助	1975年1月2日
	アンリ・クルティーヌ	2007年12月10日
9段	道上伯	1975年12月10日
	粟津正蔵	1989年1月1日
	ベルナール・パリゼ	1994年12月9日
	デイビッド・スターブルック	2006年1月1日
	アンドレ・ブーロー	2007年12月10日
	ギー・ペルティエ	
	ジャック・ル・ベール	
	モーリス・グルエル	
	リオネル・グロッサン	
	ジャン゠リュック・ルージェ	2013年11月28日
	ギー・デュピュイ	2017年2月23日
	ジャン゠ポール・コッシュ	
	セルジュ・フェイスト	
	パトリック・ヴィアル	
	ギー・オーフレイ	2018年11月15日

現在のＦＦＪＤＡの昇段試験規程は二〇一八年に導入されたものである。初段から四段について、現行の昇段試験項目や昇段条件を表8と表9にまとめた。

年齢や修行年限などの条件に加えて、「形」「技術」「試合」「普及発展への貢献」の四つの項目で審査される。また、試験方法は「試合主体」と「技術主体」の二種類に分かれ、前者では審査項目

表8　FFJDA が定める昇段条件（初段・2段）（筆者作成）

	初段		2段	
審査方法	試合主体	技術主体（17歳以上だけ）	試合主体	技術主体（17歳以上だけ）
形	投の形のうち手技、腰技、足技の「取」と「受」（ただし50歳以上の場合は取だけ）	投の形あるいは講道館護身術（「取」と「受」。ただし50歳以上の場合は「取」だけ）	投の形の「取」	投の形あるいは講道館護身術の「取」（初段で演武していないもの）
技術	くじで決められた計12本（投げ技6本、寝技4本、護身術2本）の技の演武（5分以内）	a）くじで決められた計12本（投げ技6本、寝技4本、護身術2本）の技の演武（5分以内） b）移動打込（1分30秒以内×2本）と約束稽古（2分以内×2本）で習得した技術の演武	a）投げ技、寝技、護身術から1本ずつ選び、それぞれ動きながら演武（5分以内） b）くじで決められた投げ技、寝技、護身術それぞれ2本ずつの演武（5分以内）	a）投げ技、寝技、護身術から1本ずつ選び、それぞれ動きながら演武（5分以内） b）くじで決められた投げ技、寝技、護身術それぞれ2本ずつの演武（5分以内） c）移動打ち込み（1分30秒以内×2本）、投げ込み（1分30秒以内×2本）、約束稽古（2分以内×2本）で習得した技術の演武
試合	1つの試合で5勝し、一本10点、技あり7点として合計で44点とすること。あるいは、複数の試合の累積で合計100点に達すること	複数の試合で20点。ただし40歳以上の場合は免除される	1つの試合で5勝し、一本10点、技あり7点として合計で44点とすること。あるいは、複数の試合の累積で合計100点に達すること	複数の試合で20点。ただし40歳以上の場合は免除される
柔道普及への貢献	指導者によって認定された柔道普及発展への影響（ない場合は地域組織が主催する半日のイベント2回のうち1回スタッフとして参加すること）			
認定許可	満15歳以上かつ茶帯取得から1年以上の修行		満17歳以上かつ初段取得から1年以上の修行	

表9　FFJDA が定める昇段条件（3段・4段）（筆者作成）

	3段		4段	
審査方法	試合主体	技術主体（17歳以上だけ）	試合主体	技術主体
形	固の形および講道館護身術の「取」	固の形および、投の形あるいは講道館護身術の「取」	極の形および、投の形、固の形、講道館護身術、後の先の形のうち1つ、計2種類の形の「取」の演武	極の形および、投の形、固の形、講道館護身術、後の先の形のうち1つ、計2種類の形の「取」の演武
技術	a）投げ技3本をそれぞれ異なる方向に動きながら（3分以上）、寝技（試合形式で）2本（3分以上）、当て身または武器による攻撃を受けた場合の護身術（1分以上）の演武。合計で9分を超えないこと b）くじで決められた投げ技2本、寝技2本、護身術2本の演武	a）投げ技3本をそれぞれ異なる方向に動きながら（3分以上）、寝技（試合形式で）2本（3分以上）、当て身または武器による攻撃を受けた場合の護身術（1分以上）の演武。合計で9分を超えないようにする b）くじで決められた投げ技2本、寝技2本、護身術2本の演武 c）移動打ち込み（1分以内×3本）、投げ込み（1分以内×2本）、約束稽古（2分以内×2本）で習得した技術の演武	投げ技（3分）・寝技（2分）・護身術（2分）の得意技の演武。合計で10分を超えないこと	a）投げ技（3分）・寝技（2分）・護身術（2分）の得意技の演武。合計で10分を超えないこと b）移動打込、投込、約束稽古などで習得した技術の演武（合計10分以内）
試合	1つの試合で5勝し、一本10点、技あり7点として合計で44点とすること。あるいは、複数の試合の累積で合計100点に達すること	複数の試合で20点。ただし40歳以上の場合は免除される	1つの試合で5勝し、一本10点、技あり7点として合計で44点とすること。あるいは、複数の試合の累積で合計100点に達すること	複数の試合で20点。ただし40歳以上の場合は免除される
柔道普及への貢献	地域組織委員会の証明書または前の段位からの、指導、競技運営、審判員などに関する活動を1つ以上証明することで柔道の普及発展への貢献を評価する			
認定許可	満20歳以上かつ2段取得から3年以上修行		満24歳以上かつ3段取得から4年以上修行	

のうち「試合」で求められる水準が高く設定されていて、後者では「形」や「技術」の審査で高い水準が求められることになる。また、四十歳以上の受験者が技術主体試験を受験する場合は、「試合」の項目が免除される。このようにフランス柔道では、競技力が高くなかったとしても、技術が優れていれば昇段することができるのである。審査の基準が複線的に設定されていることで、段位が単にその人の強さを示すものではないという認識を柔道家に共有させ、また個々人が多様なアプローチで、柔道の稽古に参加することを可能にしてくれるだろう。

では、それぞれの審査項目を審査方法ごとに細かくみていこう。「形」の審査については、技術主体審査では初段から、試合主体試験でも三段から、講道館護身術[27]が審査項目に含まれている。連盟の名称に「柔術」を含み、護身術を重要視してきたフランス柔道の特徴が見て取れる。また、四段では「後の先の形（Gonosen-no-kata）」といわれる日本でほとんど知られていない形も選択肢に含まれている。「後の先の形」はヨーロッパを中心におこなわれており、相手が技を仕掛けてきたのに応じて切り返し逆に技を仕掛ける、いわゆる「裏とり」や「返し技」の技術を形として定めたものである。

一九二六年にイギリス・ロンドンの武道会のイベントで、当時パリに滞在していた石黒敬七がヨーロッパで初めて「後の先の形」を紹介したとされているが、その起源は石黒が早稲田大学に在学していた時代に同柔道部の師範を務めていた高橋数良が得意とした「裏技」や「返し技」にあると考えられている。その後、石黒の二年後に早稲田大学を卒業した川石酒造之助が、第2部で後述するようにフランスで柔道の普及を進めるなかで、この「後の先の形」も定着していったようである。[28]

この「後の先の形」も含めて、昇段での形の審査はフランス柔道の特徴が強く反映されているといえるだろう。

「技術」項目は、表10に示されるようなプログラムのなかから、くじ引きあるいは受験者自身で選んだ柔道技の演武を審査されるものである。基準を満たすためには、黒帯未満の色帯と同様に、投げ技と寝技（固め技）の技術を幅広く習得していることが必要であり、そこには「踵返」や「掬投」など、現在の競技柔道では禁止されている技も含まれている。競技で使われる技や自分の得意技だけでなく、柔道の技術全般を幅広く習得していることが、フランスの有段者には求められる。たとえ強い腕力や重い体重を駆使して試合に勝利することができたとしても、大外刈りしかできな

3段
【腰技】 跳ね腰、払い腰、腰車、大腰、釣り込み腰、釣り腰、袖釣り込み腰、内股、浮き腰、後ろ腰、移り腰、首投げ
【手技】 一本背負い投げ、肩車、踵返し、朽木倒し、双手刈り、双手背負い投げ、背負い落とし、掬い投げ、隅落とし、体落とし、手車、内股透かし、浮き落とし、山嵐、襟背負い投げ
【足技】 足車、出足払い、払い釣り込み足、膝車、小外掛け、小外刈り、小内刈り、大車、送り足払い、大外返し、大外刈り、大外車、大外落とし、大内刈り、支え釣り込み足、燕返し、内股
【捨身技】 ・真捨身技 隅返し、俵返し、巴投げ、裏投げ ・横捨身技 抱き分かれ、払い巻き込み、小内巻き込み、外巻き込み、谷落とし、横巴投げ、浮き技、横掛け、横車、横分かれ
【抑込技】 本袈裟固め、上四方固め、肩固め、崩れ袈裟固め、崩れ上四方固め、崩れ縦四方固め、崩れ横四方固め、縦四方固め、後ろ袈裟固め、横四方固め、枕袈裟固め
【絞技】 足固絞め、逆十字絞め、裸絞め、片羽絞め、片十字絞め、片手絞め、双手絞め、並十字絞め、送り襟絞め、両手絞め、三角絞め、袖車絞め、突っ込み絞め
【関節技】 腕挫足固め、腕挫腹固め、腕挫膝固め、腕挫十字固め、腕挫三角固め、腕挫腕固め、腕挫腋固め、腕緘み
手に組みつかれた場合 腕に組みつかれた場合 当て身による攻撃を受けた場合 武器による攻撃を受けた場合

表10　技術審査のプログラム（筆者作成）

	初段	2段
投げ技	【腰技】 跳ね腰、払い腰、腰車、大腰、釣り込み腰、袖釣り込み腰、内股、浮き腰、後ろ腰、移り腰、首投げ	【腰技】 跳ね腰、払い腰、腰車、大腰、釣り込み腰、釣り腰、袖釣り込み腰、内股、浮き腰、後ろ腰、移り腰、首投げ
	【手技】 一本背負い投げ、肩車、踵返し、朽木倒し、双手刈り、双手背負い投げ、背負い落とし、体落とし、手車、浮き落とし、襟背負い投げ	【手技】 一本背負い投げ、肩車、踵返す、朽木倒し、双手刈り、双手背負い投げ、背負い落とし、隅落とし、体落とし、手車、浮き落とし、襟背負い投げ
	【足技】 足車、出足払い、払い釣り込み足、膝車、小外掛け、小外刈り、小内刈り、送り足払い、大外刈り、大外落とし、大内刈り、支え釣り込み足、内股	【足技】 足車、出足払い、払い釣り込み足、膝車、小外掛け、小外刈り、小内刈り、大車、送足払、送り足払い、大外刈り、大外落とし、大内刈り、支え釣り込み足、燕返し、内股
	【捨身技】 ・真捨身技 隅返し、巴投げ、裏投げ ・横捨身技 外巻き込み、谷落とし、横車	【捨身技】 ・真捨身技 隅返し、巴投げ、裏投げ ・横捨身技 払い巻き込み、小内巻き込み、外巻き込み、谷落とし、横巴投げ、浮き技、横掛け、横車
寝技	【抑込技】 本袈裟固め、上四方固め、肩固め、崩れ袈裟固め、崩れ上四方固め、縦四方固め、後ろ袈裟固め、横四方固め、枕袈裟固め	【抑込技】 本袈裟固め、上四方固め、肩固め、崩れ袈裟固め、崩れ上四方固め、崩れ縦四方固め、崩れ横四方固め、縦四方固め、後ろ袈裟固め、横四方固め、枕袈裟固め
	【絞技】 逆十字絞め、裸絞め、片羽絞め、片十字絞め、片手絞め、並十字絞め、送り襟絞め、三角絞め	【絞技】 足固絞め、逆十字絞め、裸絞め、片羽絞め、片十字絞め、片手絞め、双手絞め、並十字絞め、送り襟絞め、三角絞め、袖車絞め
	【関節技】 腕挫腹固め、腕挫膝固め、腕挫十字固め、腕挫腕固め、腕挫腋固め、腕緘み	【関節技】 腕挫足固め、腕挫腹固め、腕挫膝固め、腕挫十字固め、腕挫三角固め、腕挫腕固め、腕挫腋固め、腕緘み
護身術	手に組みつかれた場合 腕に組みつかれた場合 当て身による攻撃を受けた場合	

い柔道家は昇段することができない。さらに技術主体試験では、打ち込みや投げ込み、約束稽古などの演武で、連絡技や変化技、返し技など、受験者が自らの技能を示すことが求められる。「試合」は、技術の有効性を試合によって評価するものである。一本勝ちを十点、技あり勝ちを七点とし、一つの試合での合計点や複数の試合の累積点で評価される。すでに述べたように試合主体試験ではこの項目の基準が高く設定されているが、技術主体試験では四十歳以上の受験者はこの審査項目が免除されている。

「普及発展への貢献」項目は、文字どおり受験者が柔道の普及発展に寄与しているかどうかを問うものである。クラブでの指導やチームのコーチング、イベント運営のスタッフなどに関するそれぞれの活動が認められることが必要とされる。

現在のフランス柔道の昇段試験は、試合主体と技術主体の複線的な試験方法を設定しているが、いずれも日本の昇段審査に比べて幅広い柔道技術の習得を求めている。

日本での昇段は、「講道館昇段資格に関する内規」によって定められるが、初段から五段までであれば基本的には「修行年限」と「試合成績」、そして「形」によって審査される。ただし昇段審査の実態は多様だと考えられ、それらを細かく考察する余裕はないが、日本では技術体得の程度を「形」と「試合成績」で評価する。(29) 試合成績に関しては、多彩な技で点数を得ようが、一つの技だけで点数を得ようが、評価は変わらない。

フランスでは、試合の勝ち負けだけにこだわることなく多くの人々に昇段の機会が開かれているが、そこで求められる水準は高いといえるだろう。とはいえ、こうした昇段規程の複雑さや、昇段への時間的なハードルの高さなどに関する批判もある。こうした批判を受けて、二〇二二年九月からは、特に高段位の昇段審査に関して簡素化が図られようとしている。(30)

注

（1）FFJDA, « La fédération en chiffres ». (https://www.ffjudo.com/la-federation-en-chiffres)［二〇二一年十二月三十日アクセス］
（2）FFJDA, « Questions » (https://www.ffjudo.com/questions)［二〇二二年五月二十日アクセス］
（3）2019/20シーズン（二〇一九年九月一日から二〇年八月三十一日）の数値。ＦＦＪＤＡのウェブサイト « La fédération en chiffres » (https://www.ffjudo.com/la-federation-en-chiffres) から、« Comptage de la fédération » をクリックすると閲覧できる［二〇二一年十二月三十日アクセス］。
（4）FFJDA, « Comptage par club: Paris Judo(2019/2020) ». ＦＦＪＤＡのウェブサイト « La fédération en chiffres » (https://www.ffjudo.com/la-federation-en-chiffres) から « pour un département » をクリックすると閲覧できる［二〇二一年十二月三十日アクセス］。
（5）FFJDA, « Trouver un club ou un dojo ». (https://www.ffjudo.com/lesclubs)［二〇二一年十二月三十日アクセス］
（6）Collectif, *Les Chiffres clés du Sport 2020*, INJEP, 2020, p. 32.
（7）*Ibid.*, p. 10.
（8）INJEP のデータの対象時期と、ＦＦＪＤＡのシーズン（九月一日から翌年八月三十一日まで）は異なるため、年度ごとのそれぞれの数値は異なっている。

（9）これは二〇一八―一九年シーズンの統計をもとにした順位だが、近年ではほとんど変化はない。Collectif, *op. cit.*, p. 13.

（10）*Ibid.*, p. 16. ちなみに全日本柔道連盟の登録者数の男女比はおよそ八対二である（全日本柔道連盟「2020年度 全日本柔道連盟区分別会員登録者数（2019年度末との比較）」〔https://www.judo.or.jp/cms/wp-content/uploads/2020/11/2020%E5%B9%B4%E5%BA%A6-%E9%83%BD%E9%81%93%E5%BA%9C%E7%9C%8C%E5%88%A5%E7%99%BB%E9%8C%B2%E6%95%B0%EF%BC%88%E5%89%8D%E5%B9%B4%E5%AF%BE%E6%AF%94.pdf〕［二〇二一年十二月三十日アクセス］）。

（11）Collectif, *op. cit.*, p. 18.

（12）« Données licences sportives 2020 ». (https://injep.fr/donnee/recensement-des-licences-sportives-2020/).

（13）*Ibid.* 空手のほかに中国武術やベトナム武術、クラヴ・マガなど、非ヨーロッパ由来の格闘技種目複数が、この連盟に含まれている。« La Fédération Française de Karaté et Disciplines Associées » (https://www.ffkarate.fr/ffk/).

（14）*Résultats Enquête sur les professeurs deJudo*, FFJDA, 2021, p. 2.

（15）*Ibid.*, p. 8.

（16）*Ibid.*, P. 27.

（17）*Ibid.*, p. 13.

（18）*Ibid.*, p. 22.

（19）*Ibid.*, p. 23.

（20）*Ibid.*, pp. 23-24.

（21）*Ibid.*, pp. 25-26.

（22）*Ibid.*, p. 13.

（23）FFJDA, *Le Judo des 6-8 ans*, 4 Trainer, 2015.

（24）FFJDA, « Progression ». (https://www.ffjudo.com/progression)［二〇二一年十二月三十日アクセス］

（25）*Textes Officiels 2020-2021*, FFJDA, 2020, p. 61.

（26）*Ibid.*, pp. 98-102.

（27）小谷澄之と大滝忠夫によると、講道館護身術とは「他からの危害を守ることを直接の目的として、柔道の技の中からこれに適応するものを選定し、これ等を一連の攻防法として組み立てたもの」として、講道館が一九五六年に定めた形である。「徒手の部」と「武器の部」に分けられるが、技の性格は講道館の草創期から実施されてきた「極の形」と大きく共通している。ただし、「武器の部」に「拳銃の場合」が含まれるなど現代的な護身の技術であるため、「「新極の形」とも称すべきもの」とされている（小谷澄之／大滝忠夫共著『最新 柔道の形 全』不昧堂出版、一九七一年）。

（28）近年、「後の先の形」の起源に関する研究が進んでいる。Carl De Crée, "Kōdōkan Jūdō's Three Orphaned Forms of Counter Techniques – Part 1: The Gonosen-no-kata – "Forms of Post-Attack Initiative Counter Throws"," *Archives of Budo*, Volume. 11, April 2015, pp. 93-123.

（29）日本国内で段位を認定しているのは講道館であり、講道館で直接昇段審査を受けるか、あるいは全日本柔道連盟や各都道府県連盟などの段位推薦委託団体が審査をして講道館に推薦するという形式をとっている。試合成績による得点は、「勝ち」または「引き分け」を相手の段位に応じて点数化している。

(30) Thomas Rouquette, “Grading Reform: What is going to change,” *Spirit of Judo (L’Esprit du judo)*, No. 94, September/October 2021, pp. 54-55.

第3章　現代フランスの学校教育と課外活動
――スポーツの場合

小林純子

フランスの子どもが柔道を実践しているとしたら、それはいつ、どこで、どのようにおこなわれているのだろうか。本章では、子どもが過ごす時間と空間のありようを考えることを通じて、フランスで子どもに向けて柔道がどのように提供されているかをみてみよう。

二〇一八年、フランスの三歳から十六歳までの子どもの就学率は九六パーセントを超える。[1] 日本の一九年の学齢児童・生徒の義務教育就学率は、九九・九六パーセントである。[2] 学校教育法施行規則に定められた授業時間は日本の小学校一年生で年間八百五十時間、日本の中学校三年生で千十五時間にのぼる。フランスの小学校の年間授業時間総数は、八百六十四時間である。[3] 授業時間以外にも放課後や昼休みに学校で過ごす時間があることを考慮すれば、ほとんどの子どもが過ごす時間の多くは、日本でもフランスでも学校を中心に組織化されているといえる。

正規の教育課程の外側でおこなわれる活動は、一般に課外活動（extracurricular activity）と呼ばれている。課外活動の内容は実に多様である。クラブ活動、スポーツ、芸術文化活動、社会奉仕活動のほか、部活動、運動会や文化祭を課外活動と呼ぶ場合もある。日本では特別活動の授業などが教科教育とともに学習指導要領に定められていて、特別活動のなかに含まれる学校行事や小学校のクラブ活動は正規の教育課程のなかでおこなわれている。一方、フランスでは学校でのいわゆる授業の時間を「学校の時間（temps scolaire)」、日曜日や長期休暇などに活動が提供される時間を「学校以外の時間（temps extrascolaire)」、午前と午後の授業の合間や授業終了直後のいわゆる放課後に活動が提供される時間を「学校周辺の時間（temps périscolaire)」と呼ぶ。「学校以外の時間」「学校周辺の時間」のそれぞれにおこなわれる活動を指して、学校外活動（activités extrascolaires)、学校周辺活動（activités périscolaires）と呼ぶこともある。むろん、子どもが過ごす時間には「自由な時間(temps libre)」もある。

フランスで子どもがスポーツあるいはスポーツとしての柔道をおこなうのは、こうした学校の時間、学校に関連した時間、学校以外の時間のなかでであり、それぞれの時間に制度や関係者がもつ固有の論理に応じて、柔道の立ち現れ方も異なっている。

1　学校とスポーツ

今日のフランスの小学校、中学校、高等学校では、「身体とスポーツに関する教育（Éducation

Physique et Sportive)」（以下、ＥＰＳと略記）は、フランス語や数学などの教科と並び、すべての子どもが共通に学ぶ科目の一つになっている。(4) ＥＰＳの授業時間数は小学校で週平均三時間（年間百八時間）、中学校の第六級で週四時間、第五級から第三級では週三時間、普通・技術高校で週二時間、職業高校で週平均二・五時間と定められている。(5)

さらにＥＰＳを補う「学校スポーツ（sport scolaire）」の時間もあり、中学校と高等学校ではＥＰＳの時間に加えて、週三時間のスポーツを実施している。ＥＰＳとは異なり、学校スポーツは希望する生徒だけが選択する。学校スポーツの枠組みのなかで各種のスポーツを提供するのは学校スポーツアソシエーション（association sportive scolaire）で、すべての中学校や高等学校でこのアソシエーションを設置しなければならないことになっている。(6) アソシエーションとは「共通のプロジェクトのもとに集まり、さまざまな活動を共有する、自発的な人々による非営利の団体」で、目的、組織や代表などを説明する書類を届け出ることで創設できる。(7) 二〇一七年、フランスには百五十万のアソシエーションがあり、うちスポーツ関連のアソシエーションが二四パーセントと最も多く、次いで文化関連が二三パーセント、余暇関連が二一パーセント、社会・人道・医療関連が一四パーセントを占める。(8) 学校スポーツで指導を担うのはＥＰＳの教師である。一方、小学校ではこの学校スポーツアソシエーションの設置は義務ではなく、小学校の教師、その他の教育関係者、親などが指導の役割を担う。(9)

各学校に設置されたアソシエーションは、全国学校スポーツ連合（Union Nationale du Sport Scolaire：以下、ＵＮＳＳと略記。公立の中学校・高等学校の場合、国との契約下にある私立の中学校・高

表1　子どもとスポーツの時間（筆者作成）

	身体とスポーツに関する教育（EPS）	学校スポーツ	学校外活動
活動の時間	授業（必修の教科／選択の教科）	授業以外の時間（生徒の選択）	学校以外の時間（生徒の選択）
提供者	学校	学校スポーツアソシエーション	自治体、アソシエーション、民間機関など
指導者	教師	EPS の教師（中学校・高等学校の場合）、教師、その他の教育関係者、親など	教師（活動の種類による）、その他の教育関係者、親など
アソシエーション等の全国組織	—	UNSS、UGSEL、USEP など	FFJDA（柔道の場合）、FSGT、FSCF など

等学校が加盟を希望する場合）、全国自由教育スポーツ連合（Union Générale Sportive de l'Enseignement Libre：以下、UGSELと略記。カトリック系私学〔フランスでは私立学校の八〇パーセントは国との契約下にあり、私学のほとんどをカトリック系が占める〕の中学校・高等学校の場合）、初等教育スポーツ連合（Union Sportive de l'Enseignement du Premier degré：以下、USEPと略記。公立の小学校と保育学校の場合）などの全国組織に加盟している。フランスの教育省によると、UNSSに加盟している学校スポーツアソシエーションは九千五百六十一（二〇一三—一四年）である。UNSSによると加盟者数は百十三万八千六百八十七人（二〇一九—二〇年）で、公立の中学校と高等学校、国との契約下にある私立の中学校と高等学校に就学する中学生と高校生のおよそ二〇パーセントに相当する。(10) またUSEPに加盟している小学校と保育学校は一万三千二百校、加盟者数は八十三万人である。これは公立の小学校と保

育学校のおよそ三〇パーセント、公立の小学校と保育学校に就学している子どものおよそ一五パーセントに相当する。[11]

このように学校スポーツアソシエーションが提供する学校スポーツは学校で実施されてはいるものの、授業とは異なる時間におこなわれている。

2　ＥＰＳと柔道

それでは、柔道というスポーツは、ＥＰＳの授業でおこなわれているのだろうか。フランスの学校の授業では柔道をおこなうことはまれである。程度の差はあれ、柔道に限らず、ボクシングやレスリングなどの格闘系の運動にとって同じことがいえる。そもそもフランスでは、学校での「身体に関する教育（éducation physique）」、いわゆる体育は、十九世紀後半から必修となってはいたものの、教員養成の組織化が弱く、教師の地位を確立できるレベルにはなかったという。[12]戦後は二つの同業者組合を維持しながら、管轄省庁を変えながら若者・スポーツ関連の行政に帰属する形で授業がおこなわれるなどし、ＥＰＳとして現在の国民教育省管轄の「教科（discipline d'enseignement / discipline scolaire）」になったのは一九八一年だったとされる。[13]

十九世紀以降の学校で、フェンシング、フランス式ボクシング、レスリングや柔道などの格闘系の運動がどのようにおこなわれてきたのかを検証しているアイモ・グルネンとセシル・オットガッリーマッザカヴァッロによると、体育でどのような格闘系の運動が実施されるかは、学校や体育でどのような教育的論点が支持されているか、その運動がどれだけ発展していて、どのような文化的な基礎をもっているか、学校外でどれだけ教育的な合理化が進んでいるか、関係者が格闘系の運動に対してどのような考え方をもっているかによる[14]。フランスでスポーツが子ども向けのものになる過程では、子どもに合わせた特別な資材や対策を生み出す「道具化（instrumentalisation）」、遊びやゲームの要素を含め子ども自らが順応する学びを重視する「子ども向けの教育化（pédagogisation）」、教育の合理化や運用の目的と効率性を考える「指導法化（didactisation）」がみられるという指摘があり、それは学校でのスポーツの位置づけにも関連しているといえるだろう[15]。格闘系の運動のなかでも戦後のフランスで柔道は、オリンピック・スポーツとしての認知度の高さや、フランス柔道連盟による大衆スポーツ化政策、教育・指導方法の確立によって進展を遂げ、「学校的な正統性」を得ていったという[16]。

カリキュラム編成の基準になる教育内容や標準授業時間数を定めたフランスの現行の「プログラム」は、サイクルと呼ばれる学習期ごとにＥＰＳの目的を定めている[17]。小学校と中学校のプログラムはいずれも、ＥＰＳによって「明晰かつ自律的、身体的にも社会的にも教育され、共に生きることに関心をもつ市民の形成[18]」をおこなうことを目的として掲げている。また、共通基礎（socle commun）の教育的チャレンジに応えることができるよう、「女子と男子が共に平等に、すべての生徒が、とりわけ身体スポーツ実践から最も遠い生徒たちが、異なるサイクルで五つの能力（コンピテンシー）を形成すること[19]」を目指している。ＥＰＳの形成する五つの能力（コンピテンシー）とは、

「運動性を発達させることと身体を使って自分を表現することを学ぶこと」「身体スポーツ実践によって手段とツールを自分のものにすること」「規則を共有し役割や責任を果たすこと」「定期的な運動による自身の健康維持の方法を学ぶこと」「スポーツや芸術の身体文化を自分のものにすること」である。これらの包括的な能力（コンピテンシー）を発達させるため、小学校と中学校のＥＰＳは、具体的な学びとして、「与えられた期限で測定可能かつ最良の成果を出すこと」、自然環境など「さまざまな環境への移動に適応すること」、「芸術的かつ／あるいはアクロバティックな演技によって他者に自分を表現すること」「集団間あるいは個人間の対立を操作し制御すること」の四つの領域を補完的に設定している。中学校の第五級から第三級の「プログラム」には、具体的な活動例として「柔道（judo）」の表記を確認できる。柔道はレスリングやボクシング（boxe）などほかの格闘系の運動とともに、この四つ目の「対立の操作と制御」のカテゴリーで、「力関係の特徴をつかみ試合での勝利を模索すること」「身体と運動によって対立の状況に効果的に対応すること」「守りと攻めの変化に対応すること」「動きをつなぐため先回りして情報を収集したり処理したりすること」「試合を判定すること」「自分自身が成長するために他者のためになること」などを可能にする活動の一つと見なされている。

一方、高等学校の「プログラム」は、普通・技術課程と職業課程のいずれにおいても、ＥＰＳが目指すべきものを「身体、スポーツ、芸術の実践により、活動的かつ連帯的な生活様式に安定的で自律的に参加する良識と責任ある選択のできる、快活で教養ある市民を育成すること」[20]としている。共通基礎の五つの分野に呼応して、小学校ならびに中学校とほぼ同じ能力（コンピテンシー）を身につけることが期待されている。すなわち、「運動性を発達させること」「準備と鍛錬のやり方を知ること」「集団のなかで個人の役割を果たすこと」「持続的に健康を管理すること」「文化遺産にアクセスすること」である。若干の表現の違いはみられるものの、学びの領域も小学校や中学校のプログラムに類似していて、「与えられた期限で測定可能かつ最良の成果を出すこと」「さまざまな、あるいは不確定な環境への移動に適応すること」「見られること、評価されることを目的とした身体的演技を実現すること」「集団間あるいは個人間の対立を操作し制御して勝利をおさめること」「運動を通じて自分自身のリソースを発達させ体力を維持すること」の五つを設定している。普通・技術課程の高等学校の「プログラム」には、具体的な活動例として「柔道（judo）」の表記を確認できる。柔道はここでも四つ目の「対立の操作と制御」のカテゴリーのなかで、バドミントン、卓球、ボックス・フランセーズ（boxe française）[21]、バスケットボール、ハンドボール、ラグビー、バレーボールなどとともに活動事例の一つとして示されているのである。

このように、柔道は学校のＥＰＳの「プログラム」への記載を通じて、教育的な意義を付与されたものとしての地位をある意味で確立しているようにみえる。しかし柔道は、授業で実際に紹介されたりおこなわれたりすることがほとんどないという現実を、先行研究や体育の教師の証言からうかがい知ることができる。[22]

3　学校スポーツと柔道

では、ＥＰＳの授業外で子どもが選択できる学校スポーツの時間に、柔道はどの程度おこなわれているのだろうか。(23)

中等教育の学校スポーツを主導するＵＮＳＳは、一九三八年に当時の教育相ジャン・ゼイらのイニシアチブで、学校スポーツを組織化しようとして創設された学校大学スポーツ局（Office du Sport Scolaire Universitaire：以下、ＯＳＳＵと略記）に始まる。ＵＮＳＳの公式ウェブサイトによると、スポーツを国の保護のもとに置いたヴィシー政府の時代を経て、ＯＳＳＵは、四二年に学校大学スポーツ連盟（Union du Sport Scolaire et Universitaire：以下、ＵＳＳＵと略記）になり、その地方事務局のトップに教育省の幹部をおいた。こうして学校スポーツが普及していくことになり、再びＯＳＳＵになったのち、五〇年にスポーツアソシエーションの活動を体育の教師が三時間担当する仕組みが作られた。(24) ここに、体育の教師が授業とは異なる三時間の指導を担当する現在の学校スポーツの枠組みの成立を見て取ることができる。学校スポーツが、「伝統的でエリート主義的なスポーツ」から、体育を通じた「より多くの人のためのスポーツ」に方向性を定めた七〇年代を経て、ＥＰＳは八〇年代に国民教育省に統合されていく。(25)

一方、初等教育の学校スポーツを担うＵＳＥＰを作り出したのは、一九二八年に創設され、小学校での体育の発展とスポーツの普及に貢献することになるフランスライック体育事業連盟（Union Française des œuvres laïques d'éducation physique：以下、UFOLEPと略記）である。[26] 三八年にOSSUとの協定プロジェクトを立ち上げ、UFOLEPの代表がUSEPのステータスを定めて教育省に伝えたことから、教育相ジャン・ゼイが通達を出し、USEPが学校当局との協力を通じて体育、スポーツや競技を組織するように指示した。[27] このように、OSSUが中等教育と高等教育に活動の場をもつのに対して、USEPは初等教育の場で役割を担うことになった。[28]

学校スポーツは授業以外の学校周辺活動として水曜日の午後におこなわれることが多い。学校周辺活動には月曜日から金曜日の毎日おこなわれるものもあり、自治体によっては、主に小学校の授業の後に子どもを受け入れる仕組みが整えられている。例えばパリでは、月曜日、火曜日、木曜日、金曜日の十六時三十分から十八時まで、「アトリエ・ブルー」と呼ばれる放課後活動が小学校で展開されている。[29] この活動の枠組みのなかでは、英語や音楽、芸術などの文化活動のほか、サッカーや柔道、ヒップホップダンスなどのスポーツの時間が提供されている。またアトリエ・ブルーのほかにも、学習支援、読書アトリエ、土曜アトリエ（土曜日の朝に芸術、科学、スポーツなどの時間が無償で提供される）、水曜日の午後にUSEPとのパートナーシップで展開されるスポーツ、すなわち学校スポーツなど、さまざまな放課後活動が用意されている。[30] これらの活動はパリが自治体として組織していて、パリの学校教育課やアソシエーションが運営している。パリは世帯の収入と家族構成から計算される家族係数によってこれらの活動への参加費用を算出しているため、経済的に不利な条件にある家庭の子どもでも参加を断念せずにすむ仕組みになっている。[31]

ＵＮＳＳの報告書によれば、連合は百十六種類の活動を提供している。これらの活動は、バスケットボールやサッカー、ラグビーなどの「集団スポーツ」、水泳や競輪、陸上競技などの「記録スポーツ」、テニスやバドミントン、卓球などの「ラケットスポーツ」、乗馬やスキー、パラグライダーなどの「アウトドアスポーツ」、ダンスやサーカス、体操などの「芸術表現活動」、フィットネスやストレッチなどの「コンディション活動」、ボクシングやフェンシング、柔道などの「格闘スポーツ」、カヤックやラフティングなどの「水上活動」、ゴルフやペタンクなどの「精度スポーツ（précision）」、トライアスロンなどの「連続分野（disciplines enchaînées）」、「マルチ活動」の十一のグループに分けられ、二〇一九―二〇年の報告書にはそれぞれのスポーツを実践した子どもの数が記載されている(32)。

報告書によると、柔道は格闘スポーツのなかではボックス・フランセーズに続いて実践者が多く、女子と男子を合わせて六千六百八十二人が実施している。しかしながらＵＮＳＳが提供するスポーツ全体のなかでは、柔道はほかのスポーツと比較して子どもの実践者は多いとはいえず、実践されたスポーツのトップ15にも入っていない。実践者が最も多いスポーツはクロスカントリー競走で、三十四万八千百三十六人が実施している。フットサルがこれに続き、三位のハンドボールの実践者は十八万三千七百九十八人である。四位以下は、バドミントン、バスケットボール、サッカー、クライミング、卓球、バレーボール、アドベンチャーレース（raid multi activités）、ラグビー、夏季クロスカントリー競走、体操競技、水泳、ダンス振り付けの順になっている(33)。

実践者数の差は、それぞれの分野の社会的な認知度や競技人口、スポーツに期待される教育的価値、指導者の専門分野の違いなどに由来するものと考えられる。例えば、学校スポーツを担う人材がEPSの教師や小学校の教師、その他の教育関係者や保護者であることを踏まえると、指導者の専門領域によっても積極的に推進できる分野が異なる。学校スポーツで柔道を提供しているあるEPSの教師によると、彼の場合、新学期が始まる九月から学校年度が終わる六月まで、水曜日の午後に二時間半から三時間程度、十五人から二十人の生徒を指導する。男子の割合は六〇パーセントから七〇パーセントとなるが、指導は必ず女子と男子の混成でおこなうという。

このように、フランスでスポーツとしての柔道が子どもに知られるようになった背景には、体育の授業だけでなく、学校の体育を支える学校以外のスポーツに関連する全国レベルの団体の存在があり、これらの団体が果たしてきた役割は決して小さくはなかったと考えられる。

4　学校外活動としての柔道とその課題

フランスで子ども向けの柔道は、その教育的な価値を認められ、次第に学校教育的な正統性を獲得してきた。にもかかわらず、柔道は学校のEPSの授業ではあまりおこなわれておらず、学校スポーツの枠組みでも実践者が多いとは言い難い。実際のところ、フランスの子どもが柔道を学んだり実践したりする機会のほとんどは、学校教育とは異なるアソシエーションや民間のクラブで提供されているのである。これらのクラブは、フランス柔道連盟（Fédération Française de Judo：以下、

ＦＦＪＤＡと略記）、労働者スポーツ体育連盟（Fédération Sportive et Gymnique du Travail：以下、ＦＳＧＴと略記）、フランススポーツ文化連盟（Fédération Sportive et Culturelle de France：以下、ＦＳＣＦと略記）など、学校スポーツアソシエーションが加盟するＵＮＳＳ、ＵＳＥＰ、ＵＧＳＥＬとは異なる全国レベルの団体に登録している。このように、さまざまな提供主体がそれぞれの全国団体に加盟していることから、例えば学校スポーツの柔道と柔道クラブの両方に通う子どもは、ＵＮＳＳとＦＳＧＴの両方に登録しているということが起こりうる。

それでは、柔道はなぜフランスの学校で普及しないのか。

理由の一つ目に挙げられるのは、限られた施設や設備の問題である。ＥＰＳの教師たちによれば、道場の数が十分ではなく、たとえ道場があったとしても、別の活動と競合してしまうことが少なくない。またＥＰＳの教師のなかには、柔道着を持たない子どもにそれを購入させることや、柔道着の洗濯など、柔道はほかのスポーツと比べて実践に必要なものの管理が煩雑であると受け止める者もいるという。

理由の二つ目に挙げられるのは、指導の難しさである。ＥＰＳの教師が一度も柔道を経験したことがない場合、自分が柔道を教えることで生徒のけがにつながるリスクを懸念するという。これに対して、柔道を専門とするＥＰＳの教師の場合は、学校だけでなく、柔道家としてアソシエーションで柔道を指導することもある。しかし、実際には柔道を専門とするＥＰＳの教師はほとんどいないため、学校スポーツの枠組みのなかで柔道を提供することも難しい。ＥＰＳの教師の一人は、ＥＰＳの教員養成のなかに柔道を位置づけ直す必要性を強調する。

このような物理的・技術的な制約があるために、ＥＰＳの教師は柔道よりも簡単に組織できるボクシングやレスリングを選択しがちになるという。

柔道がフランスの学校で普及しない三つ目の理由は、女子と男子の平等な実践に関わる問題であり、とりわけ学術研究でこの点が指摘されている。柔道を含む格闘系の運動は、多くの教師に性差がある活動と見なされ、授業で実際に紹介されたりおこなわれたりすることがほとんどないというのである[34]。

例えば、トゥールーズの柔道クラブで六歳から八歳の子ども約二十人を観察したクリスティーヌ・メヌソンとジェラール・ネランンは、柔道の実践における性別による学びの様式の違いを指摘している[35]。このクラブの子どもは女子が三分の一を占め、指導者は男性が指導的役割、女性がアシスタント的役割を果たしていたという。男子が数のうえで勝っていることから、男子だけの集団ができ、女子との組み合いを避ける傾向にあったが、指導者は性別間の平等にあまり関心がなく、女子と男子の非対称的な関係を再生産してしまっている状況があるという。しかし著者らは同時に、柔道はこうした関係を再生産するだけでなく、女子が自身の身体との関係を見直したり、男子が女性らしさの見方を変化させたりする可能性をもつことについても言及している。例えば指導者の介入によっては、男子と女子の組み合いを促して、男子の身体が女子の身体に勝るという想定をくつがえし、性別間の序列を問い直すこともありうるという。

また、柔道の指導者が子どもとどのように向き合っているかを明らかにするために、複数の柔道クラブで指導者たちの観察と面接による調査をおこなったサミュエル・ジュルも、性別の社会関係の観点から柔道の教育実践が省みるべき課題を指摘している。[36] 例えばジュルは、女子については真面目さや正確さ、慎重さを褒めるのに対し、男子については闘争性や積極性、新しさなど、相手を倒して勝つことに関連する観点から評価をおこなう指導者の行為を記録している。子どもが「乱取り」をおこなう際には、男子と女子が自発的に混成のペアになることはまれであるため、この指導者が相手の女子を指して、彼女が優しい人物で柔道を教えてくれる存在であることを伝えながら女子と組み合おうとしない男子を指導する。そのことは暗に、女子は男子よりも勝利にこだわりがなく、闘争的な能力よりも男子の学びを助ける能力に長けているという指導者の考え方を示しているという。このように、指導者によっては性別に応じて子どもを評価している観点が異なることがあり、柔道の教育実践は性別化されたステレオタイプを強化しているようにみえるという。

グルネンとオットガッリ－マッザカヴァッロは、十九世紀の高等学校や中学校で体育が必修の科目とされていたことを、学校体育が「軍隊のリクルートシステムの欠如を補うことに貢献していた」[37] こととの関連で説明している。このことを踏まえると、学校で教えられるべき知識をどのように考えるかは、当代の社会が学校に形成を期待する能力や、学校が重視する教育的価値に影響を受ける。現在のフランスの教育プログラムがＥＰＳの最も包括的な到達点として目指しているものは「市民の育成」であり、そのためには女子と男子が平等に、生徒のすべてがスポーツの実践にアクセスし、ＥＰＳでの能力（コンピテンシー）を獲得しなければならないと考えられている。しかしグルネンとオットガッリ－マッザカヴァッロによれば、フランスで公式に格闘系の運動が男子に限られたものでなくなるのは一九八五年以降のことで、ＥＰＳで女子と男子の共学が普及するのは八〇年代から九〇年代にかけてである。[38] 柔道を含む格闘系の運動が「性別に応じて行動を異にする身体」を形成する、あるいはそれを助長すると見なされるとき、それは現代のフランスの学校教育的な価値との間に齟齬を生み出してしまうのである。

おわりに

柔道のどのような教育的側面が評価されるのかは、学校教育、柔道クラブや柔道の全国的組織、親などのそれぞれが想定したり期待したりする「教育」のあり方によって異なってくる。フランスで柔道は、学校の授業で実践されることはあまりないが、本書第1章「二つの柔道場からみるフランス柔道」（星野映／磯直樹）や第7章「フランス柔道と教育の接近」（星野映）で紹介しているように、一般的には心身の両側面でポジティブな効果をもつ教育的な活動と受け止められ、柔道クラブや柔道の全国組織を通じて好意的かつ積極的に受け入れられてきた。

柔道を専門とするＥＰＳの教師のなかには、柔道の技術だけでなく、「施設の掃除」「バランスのよい食事の考察」「年長者が年少者を教える相互支援」などを「日本方式のプロジェクト」と呼んで実践し、高校生とともに日本を訪れ、柔道の国際交流に力を入れている者もいる。このような技術の伝達にとどまらない文化的側面の共有を含めた柔道の実践は、本書第7章で詳しく述べているとおり、フランス柔道連盟による子どものための教育法の発展によるところが大きい。

このように、フランスで柔道がどのように普及したのかを知ることは、「子ども向けの柔道」がフランスでどのように形成されてきたのかを理解することを助けてくれる。その一方で、「子ども向けの柔道」の形成プロセスは、子どもに柔道の知識や技術をどう伝えていくかという問題だけでなく、教師や専門家など、柔道をはじめとするスポーツに関わる大人の職業的な正統性をめぐる問題もまた浮かび上がらせる。

冒頭で述べたとおり、現代の子どもの時間は、その多くが大人によって管理されているという特徴をもっている。近年、子どもの「放課後」や「課外活動」は、ますます制度化された枠組みのなかに置かれていて、そこにはさまざまな利害関心が交錯するきわめて興味深い社会空間が形成されているといえる。

注

（1）INSEE（国立統計経済研究所公式ウェブサイト）, « Taux de scolarisation par âge ».（https://www.insee.fr/fr/statistiques/2383587#tableau-figure1）［二〇二一年三月二十日アクセス］

（2）文部科学省「文部科学統計要覧（令和2年版）」（https://www.mext.go.jp/b_menu/toukei/002/002b/1417059_00003.htm）［二〇二一年三月二十日アクセス］

（3）Service-Public.fr（フランス政府司法行政情報局運営サイト）, « Horaires à l'école primaire (maternelle et elementaire) ».（https://www.service-public.fr/particuliers/vosdroits/F24490）［二〇二

一年三月二十日アクセス］

（4）フランスで小学校は五年間（三歳から就学する保育学校を含まない）、中学校は第六級から第三級までの四年間、高校は三年間の普通・技術系と三年間コースと二年間コースをもつ職業系に分かれている。

（5）Arrêté du 9 novembre 2015 fixant les horaires d'enseignement des écoles maternelles et élémentaries. NOR : MENE1526553A, B.O. n° 44 du 26 novembre 2015. (https://www.education.gouv.fr/bo/15/Hebdo44/MENE1526553A.htm)［二〇二一年四月三十日アクセス］, Arrêté du 16 juin 2017 modifiant l'arrêté du 19 mai 2015 relatif à l'organisation des enseignements dans les classes de collège. NOR : MENE1717553A, B.O. n° 22 du 22 juin 2017. (https://www.education.gouv.fr/bo/17/Hebdo22/MENE1717553A.htm?cid_bo=117828)［二〇二一年四月三十日アクセス］, Arrêté du 16 juillet 2018 relatif à l'organisation et aux volumes horaires de la classe de seconde des lycées d'enseignement général et technologique et des lycées d'enseignement général et technologique agricole. NOR: MENE1815610A, JORF n° 0162 du 17 juillet 2018. (https://www.legifrance.gouv.fr/loda/id/LEGIARTI000038883470/2019-09-01/#LEGIARTI000038883470)［二〇二一年四月三十日アクセス］, Arrêté du 16 juillet 2018 relatif à l'organisation et aux volumes horaires des enseignements du cycle terminal des lycées, sanctionnés par le baccalauréat général. NOR: MENE1815611A, JORF n° 0162 du 17 juillet 2018. (https://www.legifrance.gouv.fr/loda/id/JORFTEXT000037202800/)［二〇二一年四月三十日アクセス］, Arrêté du 16 juillet 2018 portant organisation et aux volumes horaires des classes de première et terminale des lycées sanctionnés par le baccalauréat technologique, séries « sciences et technologies de la santé et du social (ST2S), « sciences et technologies de laboratoire (STL) » «

sciences et technologies du design et des arts appliqués (STD2A) », « technologies du management et de la gestion (STMG) », « sciences et technologies de l'hôtellerie et de la restauration (STHR) ». NOR: MENE1815612A, JORF n° 0162 du 17 juillet 2018.（https://www.legifrance.gouv.fr/jorf/id/JORFTEXT000037202894/）［二〇二二年四月三十日アクセス］。職業高校では職業バカロレア課程三年間八十四週で二百十時間、職業適格証 C.A.P. 課程二年間五十五週で百三十七・五時間。Arrêté du 21 novembre 2018 relatif aux enseignements dispensés dans les formations sous statut scolaire préparant au baccalauréat professionnel. NOR : MENE1831834A, JORF n° 0294 du 20 décembre 2018, Annexe modifié par Arrêté du 1er mars 2021.（https://www.legifrance.gouv.fr/loda/id/JORFTEXT000037833273/）［二〇二二年四月三十日アクセス］, Arrêté du 21 novembre 2018 relatif à l'organisation et aux enseignements dispensés dans les formations sous statut scolaire préparant au certificat d'aptitude professionnelle. NOR : MENE1831833A, JORF n° 0294 du 20 décembre 2018.（https://www.legifrance.gouv.fr/jorf/id/JORFTEXT000037833254/）［二〇二二年四月三十日アクセス］

（6）Ministère de l'Éducation Nationale, de la Jeunesse et des Sports（フランス国民教育省公式ウェブサイト）, « Le sport à l'école élémentaire ».（https://www.education.gouv.fr/le-sport-l-ecole-elementaire-9509）［二〇二二年四月三十日アクセス］, « Le sport au collège »（https://www.education.gouv.fr/le-sport-au-college-9524）［二〇二二年四月三十日アクセス］, « Le sport au lycée ».（https://www.education.gouv.fr/le-sport-au-lycee-8786）［二〇二二年四月三十日アクセス］

（7）Vie-publique.fr（フランス政府司法行政情報局運営サイト）« Qu'est-ce qu'une association ? ».（https://www.vie-publique.fr/fiches/24076-quest-ce-quune-association）［二〇二一年三月二十日アクセス］

（8）INSEP, « Les chiffres clés de la vie associative 2019 ». associations.gouv.fr（国民教育省若者民衆教育アソシエーション生活局運営サイト）.（〔https://www.associations.gouv.fr/les-chiffres-cles-de-la-vie-associative-2019.html〕〔二〇二一年十二月二十日アクセス〕）からダウンロード。

（9）Ministère de l'Éducation Nationale, de la Jeunesse et des Sports, « Le sport à l'école élémentaire ».

（10）公立の中学校と高等学校ならびに国の契約下にある私立中学校と高等学校の二〇二〇年の生徒数から算出。DEPP, « Repères et références statistiques 2021 ». Ministère de l'Éducation Nationale, de la Jeunesse et des Sports（〔https://www.education.gouv.fr/reperes-et-references-statistiques-2021-308228〕〔二〇二一年七月一日アクセス〕）からダウンロード。

（11）同ウェブサイト

（12）Michaël Attali, « L'EPS à l'Éducation nationale: Contribution syndicale au développement d'une discipline scolaire », *Carrefours de l'éducation*, n° 13, 2002/1 , pp. 94-108.（〔https://www.cairn.info/revue-carrefours-de-l-education-2002-1-page-94.html〕〔二〇二一年十二月二十日アクセス〕）からダウンロード。

（13）Ibid., Yvon Léziart & Robert Mérand, « ÉDUCATION PHYSIQUE ET SPORTIVE (EPS) », in *Dictionnaire encyclopedique de l'éducation et de la formation*, 3ème éd, RETZ, 2005, pp. 349-352, Joris Vincent, « L'Éducation Physique et Sportive de 1981 à 2002: entre équilibre et instabilité identitaire », in Jean Bréhon et Olivier Chovaux (dir.), *Études sur l'EPS du Second Vingtième Siècle (1945-2005)*, [en ligne], Artois Presses Université, 2009 (généré le 28 mars 2021), Disponible sur Internet.（http://books.openedition.org/apu/8236）〔二〇二一年四月三十日アクセス〕

（14）Haimo Groenen and Cécile Otogalli-Mazzacavallo, « Les activités de combat au sein de l'éducation physique en France depuis le XIXe siècle: entre pertinences éducatives et résistances scolaires », *Staps*, n° 94, 2011/4, pp. 103-119.（〔https://www.cairn.info/revue-staps-2011-4-page-103.htm〕［二〇二一年十二月二十日アクセス］）からダウンロード。

(15) Pascale Garnier, « L'enfant et le sport: classements d'âge et pratiques sportives », in Régine Sirota (dir.), *Éléments pour une sociologie de l'enfance*, Presses Universitaires de Rennes, 2006, pp. 205-213. 著者のパスカル・ガルニエは、バスケットボール、乗馬、体操、水泳、テニスの五つの連盟による子どものためのスポーツ実践の促進の過程でどのような特徴があったかを分析している。

(16) Groenen and Ottogalli-Mazzacavallo, op. cit.

(17) 日本の学習指導要領や学校教育法施行規則に相当する内容がアレテ（省令や条例などの法令）に記載されていて、全国レベルの基準になる。第二サイクルは小学校低学年の三年間、第三サイクルは小学校高学年の二年間と中学校第一学年、第四サイクルは中学校第二学年から第四学年までの三年間を指す。

(18) Arrêté du 17 juillet 2020 modifiant l'arrêté du 9 novembre 2015 fixant les programmes d'enseignement du cycle des apprentissages fondamentaux (cycle 2), du cycle de consolidation (cycle 3) et du cycle des approfondissements (cycle 4). NOR : MENE2018714A, B.O. n° 31, du 30 juillet 2020, ANNEXE 1, ANNEXE 2, ANNEXE 3.（https://www.education.gouv.fr/bo/20/Hebdo31/MENE2018714A.htm）［二〇二一年四月三十日アクセス］

(19) 知識・能力（コンピテンシー）・文化の共通基礎（le socle commun de connaissances, de compétences et de culture）は、「六歳から十六歳の生徒が義務教育において獲得すべき必要不可欠な知識と能力（コンピテンシー）」とされる。第一分野として「思考とコミュニケーションのための言語」、第二分野として「学びのための方法とツール」、第三分野として「人間と市民の形成」、第四分野として「自然システムと技術システム」、第五分野として「世界の表象と人間の活動」がある。具体的な知識や能力（コンピテンシー）は「プログラム」に定められている。Ministère de l'Éducation Nationale, de la Jeunesse et des Sports, « le socle commun de connaissances, de compétences et de culture ». (https://www.education.gouv.fr/le-socle-commun-de-connaissances-de-competences-et-de-culture-12512)［二〇二一年三月二十日アクセス］

（20）« Arrêté du 17 janvier 2019 fixant le programme d'enseignement commun et d'enseignement optionnel d'éducation physique et sportive pour la classe de seconde générale et technologique et pour les classes de première et terminale des voies générale et technologique ». NOR: MENE1901574A, B.O. Spécial n° 1, du 22 janvier 2019, ANNEXE 1. (https://www.education.gouv.fr/bo/19/Special1/MENE1901574A.htm)［二〇二一年四月三十日アクセス］,« Arrêté du 3 avril 2019 fixant le programme d'enseignement d'éducation physique et sportive des classes préparant au certificat d'aptitude professionnelle et des classes préparant au baccalauréat professionnel ». NOR : MENE1908621A, B.O. Spécial n° 5, du 11 avril 2019, ANNEXE. (https://www.education.gouv.fr/bo/19/Special5/MENE1908621A.htm)［二〇二一年四月三十日アクセス］

（21）フランスの伝統的スタイルのボクシング。

（22）ＥＰＳの教師と、ＥＰＳの元教師で「学校スポーツ」関係者の二人に対するメールでの聞き取りに基づく。本章でのＥＰＳの教師の証言はこの聞き取りによる。また先行研究として Groenen and Ottogalli-Mazzacavallo, op. cit. 参照。

（23）学校スポーツは小学校と中学校の「プログラム」には記載がないが、高等学校の「プログラム」では、必修のＥＰＳの延長上に生徒が選択するものであり、スポーツアソシエーションへの参加は進路上・教育上のプラスの評価につながるものと位置づけられている。

（24）ＵＮＳＳ（全国学校スポーツ連合公式ウェブサイト）, « UN PEU D'HISTOIRE… ». (https://www.unss.org/histoire)［二〇二一年三月二十日アクセス］

（25）同ウェブサイト

（26）La ligue de l'enseignement（教育連盟公式ウェブサイト）, « L'HISTOIRE DE L'UFOLEP ». (https://memoires.laligue.org/recits/sport/lhistoire-de-lufolep)［二〇二一年三月二十日アクセス］

（27）同ウェブサイト、UFOLEP/USEP, « 1939-2009: l'Usep, quelle histoire! », in *en jeu*, n° 422, 2009, pp. 9-21. La ligue de l'enseignement, « Archives » (〔https://memoires.laligue.org/archive/document/1939-2009-lusep-quelle-histoire〕［二〇二二年五月一日アクセス］）からダウンロード。

（28）ＵＦＯＬＥＰはスポーツ連盟として現在も活動を続けている。« L'HISTOIRE DE L'UFOLEP ».

（29）Paris.fr（パリ公式ウェブサイト）, « Activités à l'école ». (https://www.paris.fr/pages/activites-a-l-ecole-2073)［二〇二二年五月一日アクセス］

（30）このほか、小学校では二〇一三年の小学校の時間割改革に伴い、週四日だった時間割を週四・五日とし、授業後の時間に「学校周辺活動の時間（Temps d'Activité Périscolaire）」（以下、ＴＡＰと略記）が設置された。この時間の運営は市政が担うものとされたが、多くの自治体では財政や人材の不足から維持が難しくなり、一八年には八七パーセントの公立小学校をもつ自治体が学校週四日制に回帰している。Vie publique.fr, « 4 ou 4,5 jours, activités périscolaires: les rythmes scolaires en débat ». (https://www.vie-publique.fr/eclairage/21871-4-ou-45-jours-activites-periscolaires-les-rythmes-scolaires-en-debat)［二〇二一年三月二十日アクセス］）。一六年六月の国民教育省の報告によると

TAPで文化活動を提供している自治体は九四パーセント、スポーツを提供している自治体は八七パーセントだった。Ministère de l'Éducation Nationale, de la Jeunesse et des Sports, « Des activités périscolaires de qualité pour tous les enfants ». (https://www.education.gouv.fr/des-activites-periscolaires-de-qualite-pour-tous-les-enfants-11327) ［二〇二二年五月一日アクセス］

（31）岩崎久美子／小林純子「フランスの学校を場とする放課後活動」、明石要一／岩崎久美子／金藤ふゆ子／小林純子／土屋隆裕／錦織嘉子／結城光夫『児童の放課後活動の国際比較――ドイツ・イギリス・フランス・韓国・日本の最新事情』所収、福村出版、二〇一二年

（32）UNSS, « L'UNSS EN CHIFFRES ET EN IMAGES SAISON 2019/2020 ». UNSS（〔https://www.unss.org/statuts-missions〕［二〇二一年三月二十日アクセス］）からダウンロード。

（33）Ibid., pp. 7-9.

（34）Groenen and Ottogalli-Mazzacavallo, op. cit., p. 116.

（35）Christine Mennesson and Gérard Neyrand, « La socialisation des filles et des garçons dans les pratiques culturelles et sportives », in Sylvie Octobre (dir.). *Enfance & culture: Transmission, appropriation et représentation*, Ministère de la Culture – DEPS, 2010, pp. 155-157.

（36）Samuel Julhe, « Le judo et l'enfant: Regards et pratiques d'enseignants », *Staps*, n° 96-97, 2012/2-3, pp. 121-137.（〔https://www.cairn.info/revue-staps-2012-2-page-121.htm〕［二〇二一年十二月二十日アクセス］）からダウンロード。

（37）Groenen and Ottogalli-Mazzacavallo, op. cit., p. 106.

（38）Ibid., p. 116.

［付記］本章はJSPS科研費JP17K18221ならびに二〇二一年度南山大学パッヘ奨励金1-A-2の助成による研究成果の一部である。

第4章　現代フランス社会とスポーツ

磯　直樹

本章では、スポーツ組織と競技人口という観点から、現代フランスのスポーツについて概観する。これによって、フランスでのスポーツとしての柔道の位置づけを確認するのが、本章の目的である。「柔道は武道であって、スポーツではない」と考える人も多いだろう。しかしながら、フランスで柔道は一般にスポーツとして認識されているため、そのような主張は特殊な部類に入る。「スポーツ」とされているものが、日本とフランスで微妙に異なることも認識する必要がある。それでは、フランスで「スポーツ」とは何だろうか。フランスの柔道を理解するには、このことも問わなければならない。

1 「スポーツ」の定義

スポーツの定義には、時代と地域の文脈に応じて、利害関心や思想が多分に影響を与える。ここで留意しなければいけないのは、「誰が何をスポーツと捉えているか」という点である。例えば、ピエール・ド・クーベルタンのようにオリンピックやフランス政府のスポーツ政策に深く関わった人がスポーツを定義することがある。その定義には、彼の思想と政治的立場が当然ながら反映される。しかし、同時代であっても、思想や立場が異なれば、彼とは異なるスポーツ観をもつ人がいる。時代や国が異なれば、クーベルタンのスポーツ観というのは決して一般的とはいえなくなる。「スポーツの定義は人それぞれ」という面も否定できないが、実際にはスポーツの意味内容はかなりの程度人々に共有されているように思われる。例えば、オリンピックの競技種目がどれもスポーツであることを疑う人はいないだろう。スポーツは何かしら身体を動かす運動であることも、否定できないだろう。スポーツの定義は緩やかに社会的に共有されているが、その定義を狭めようというときに見解の相違が生じてくるのである。ここで確認しておきたいのは、スポーツの定義をめぐっては常に議論があり、緩やかに共有されている定義も時代とともに変化していくということである。

古代ギリシャ以来の「西洋」の歴史上、スポーツや余暇はさまざまな重要な事象としばしば結び付いてきた。[1]ローラン・テュルコは、スポーツと余暇を同列に並べ、ヨーロッパでの両者の歴史を概説している。[2]このようにスポーツを捉える論拠の一つは、スポーツに関するラテン語の語源である desport と disport が、フランス語の distraction や amusement を意味してきたことである。

スポーツと娯楽の結び付きは現代に至るまで続いているが、近代スポーツをそれ以前のスポーツとは分けて考えるべきというティエリー・テレのような立場がある。[3]近代スポーツは、十八世紀イングランドで生まれ、フランスでは十九世紀末に娯楽や余暇とは異なる含意を有するものと考えられた。高度な制度化が近代スポーツの特徴である。一概に「近代」といっても、具体的にどの年で区切るかをはっきりさせられるわけではない。こうした時代区分はかなり大雑把なもの、あるいは抽象的な概念構成によって作られているものである。

例えば、近代スポーツがそれ以前のスポーツとどのように異なるかを論じたアレン・ガットマンの議論[4]がある。ガットマンは、「原始スポーツ」「古代ギリシャのスポーツ」「古代ローマのスポーツ」「中世のスポーツ」「近代スポーツ」という五つの時代類型と、「世俗主義」「機会の平等化」「役割の専門化」「合理化」「官僚化」「計量化」「記録の追求」という七つの概念によって、スポーツの特徴を抽象的・概念的に説明しようと試みている。このような説にはさまざまな批判が可能であり、スポーツ史やスポーツ社会学の研究では、近代スポーツとは何かという問題が繰り返し検討されてきた。

ここで近代スポーツとは何かという問題に触れるのは、これがフランスの柔道のあり方を理解するうえで必要な概念だからである。発音は異なるが、英語でもフランス語でも「スポーツ」を意味する単語のつづりは sport である。この言葉の歴史について、レーモン・トマは次のように説明している。(5) この語 sport は、「はしゃぎ回る」を意味する古フランス語（十二―十三世紀頃）の動詞 desporter のもととなる名詞 desport から派生している。十六世紀の作家フランソワ・ラブレーによると、desporter は同時代、「遊ぶ、楽しむ」を意味していたという。騎士道を通じてイギリスに移入された desport という語は、十四世紀には disport と変形し、最後に sport という英単語になった。この語は一八二五年頃、フランス語に戻ってくる。当時のフランスでは、この語は馬術とボクシングの分野で用いられた。つまり、sport という語はイギリスで最初に作られたのだが、語源は古フランス語にあり、十九世紀からはフランス語としても用いられるようになったのである。

一八六〇年代から七〇年代にかけて刊行された十九世紀の代表的なフランス語辞典『リトレ』では、スポーツを以下のように定義している。「乗馬、カヌー、狩猟、射撃、釣り、アーチェリー、体操、フェンシングなど、屋外でおこなうあらゆる運動を指す言葉。フランスではよくスポーツと競馬が混同されるが、競馬はスポーツの一種でしかない」(6)。つまり、時代とともに「スポーツ」に含まれる運動が増えていったのである。七〇年代以降、体操は軍事訓練と結び付けられ、フランスで急速に普及していく(7)。当時、フェンシング、乗馬、ダンスは、上流階級がたしなむ三芸とされていた。

フランスでの最初のスポーツクラブは、一八八〇年頃に現れている。八二年に創立されたフランス競走クラブは発展を続け、陸上競技やサッカー、ラグビー、水泳、テニスを管轄するフランス競技協会連合になるのだが、九〇年にこの組織の委員長に就いたのがクーベルタンである。(8) 彼は、近代オリンピックの父といわれる人物だが、一九二二年に初版が刊行された主著『スポーツ教育学』の「序言」で「スポーツ」に与えた定義とは次のようなものである。「スポーツとは、進歩への欲求に基づいた集中的な筋肉運動を自発的かつ習慣的におこなうことであり、危険を伴うこともある。したがって、自主性、堅忍、強度、完全の探求、起こりうる危険を物ともせぬこと、以上の五つの観念は本質的で根本的なものである」(9)。クーベルタンにいたると、このように娯楽や楽しみとは離れてスポーツの意味が捉えられている。スポーツの定義は、その後も変化していく。

一九六〇年代には、「スポーツは身体的努力を基調とする娯楽活動であり、遊びと同時に労働とも関わり、競合的に営まれ、特定の規約や組織を伴い、さらに職業的な活動へと転位しうるものである」という定義が、小説家でも翻訳家でもあり、柔道愛好家でもあったジョルジュ・マグナヌの『スポーツ社会学』(10)(一九六四年)という著作で示される。この定義が重要なのは、スポーツの定義に娯楽や楽しみといった要素を含めていることに加え、スポーツを職業と結び付けていることのためである。スポーツの種目によっても大きく異なるが、フランスでは二十世紀を通じて、スポーツ指導者やプロのスポーツ選手など、スポーツを職業にする人は徐々に増えていった。

本節のここまでの議論で、「スポーツ」の定義はさまざまであり、歴史的変遷もみられることが確認できた。フランスでは柔道をスポーツとして捉えているが、本節で紹介したさまざまな定義のいずれもが柔道の理解に関わっている。フランスで柔道がどのように根付いているかを理解するためには、フランスでの「スポーツ」の定義の歴史を踏まえる必要がある。

2　スポーツと社会

仮にスポーツの何らかの定義が人々に共有されているからといって、社会のなかでスポーツが定義どおりに存在するわけではない。例えば、自分でスポーツはしないがスポーツ・ビジネスに携わっている人、競馬を見て賭け事をする人、サッカーの試合会場の内外で暴徒化する「フーリガン」などがいる。また、スポーツの実践も筋力や体力をつけることが目的でないことが多い。

スポーツが世の中に広まり、種目ごとに組織が整備され、競技のルールが定められ、何らかのビジネスとしても成立するようになる。あるいは、スポーツが、もともと存在する社会的な対立や不平等を顕在化させることがあり、スポーツによって隔てられた人々がつながりをもつこともある。このようなスポーツの側面はスポーツと社会の関係として捉えることができる。ここで確認したいのは、スポーツが世の中でどのようにおこなわれ、どのように捉えられているのかを知るためには、スポーツの定義を追うだけでは不十分だということである。スポーツと社会の関係まで考えることで、スポーツの実態をよりよく理解することができる。(11)

社会学者ピエール・ブルデューは、社会学の観点からスポーツを捉えようとするときに、二つの問いを提起している。(12)その一つは、スポーツをおこなう集団やスポーツの種目ごとに固有の論理と歴史を有しているような空間ないしは業界のようなものは存在するかという問いである。もう一つは、そのような空間ないしは業界のようなものが成立し存続するにあたっての歴史的・社会的背景はどのようなものかという問いである。スポーツと社会の関係の問い方は無数にあるが、ここで挙げた二つの問いはその例示である。

スポーツと社会の関係を、機能という観点からみることも可能である。スポーツには社会的機能があり、これは時代によって変化する。[13]ここでの「機能」とは、社会の何らかの領域でのはたらきという程度の意味である。例えば、スポーツがビジネスになる、スポーツに教育的効果がある、スポーツを通じて人々が交友関係を広げることができる、これらはスポーツの社会的機能である。

十九世紀末のフランスでは、スポーツが一部のエリートのものだった。スポーツは、そのような人々の利害関心や文化と結び付いていた。このように階級・社会階層の構成要素になることも、社会的機能といえる。二十世紀前半のフランスでも、スポーツは富裕層やエリート層の教育や社交と深く結び付いていた。この時期のスポーツはまだ、大衆化されていなかった。現代のように、ほとんどの人がスポーツに関われる時代には、スポーツの社会的機能はより複雑である。スポーツの代表的な社会的機能として、集合的アイデンティティ、英雄像、親和的事象、がある。[14]

現代のフランスのスポーツとは何かを考えるとき、スポーツをいくつかの類型に分ける必要がある。それは、教育プログラムとしてのスポーツ、競技としてのスポーツ、娯楽としてのスポーツ、観戦する対象としてのスポーツ、である。これらの類型は、二十世紀前半のスポーツに関してもある程度当てはめることができるが、スポーツの大衆化を経た現代のスポーツとは質的に異なる。

3　二十世紀後半のフランスと公的なスポーツ組織

一九五八年以降、フランスは国策でスポーツ環境の整備にとりかかるが、これが現代のフランスのスポーツを支える制度的・インフラ的基盤になっている。[15]このようなスポーツ政策の背景には、第二次世界大戦後から七〇年代前半までのフランスで続いた高度経済成長があり、六八年の五月革命による価値観の変化がある。スポーツは人々にとって身近になり、しばしば娯楽として営まれるようになっていった。こうした社会的背景とスポーツ政策に支えられ、フランスのスポーツ人口は六〇年代から八〇年代にかけて急激に増えていく。二十世紀前半までのスポーツは富裕層やエリート層の娯楽だったが、七〇年代以降には概して大衆的になっていくのである。同時に、そのような大衆性とは距離を置きたい人たちに特有のスポーツとの関わり方も出てくる。こうした社会的背景を分析することは重要だが、紙幅の制約があるため、ここではフランスのスポーツを支える制度と組織に焦点を当てる。

フランスにはスポーツ省があり、これが国家レベルのスポーツ政策の中枢になっている。スポーツ省を軸にフランスのスポーツ組織を捉えると、例えば図1のように整理できる。[16]これは二〇一〇年時点のものだが、二〇年代にも大きな変化はない。

フランスのスポーツ省は、二〇一〇年から一二年まで、また一七年から二〇年まで独立して存在

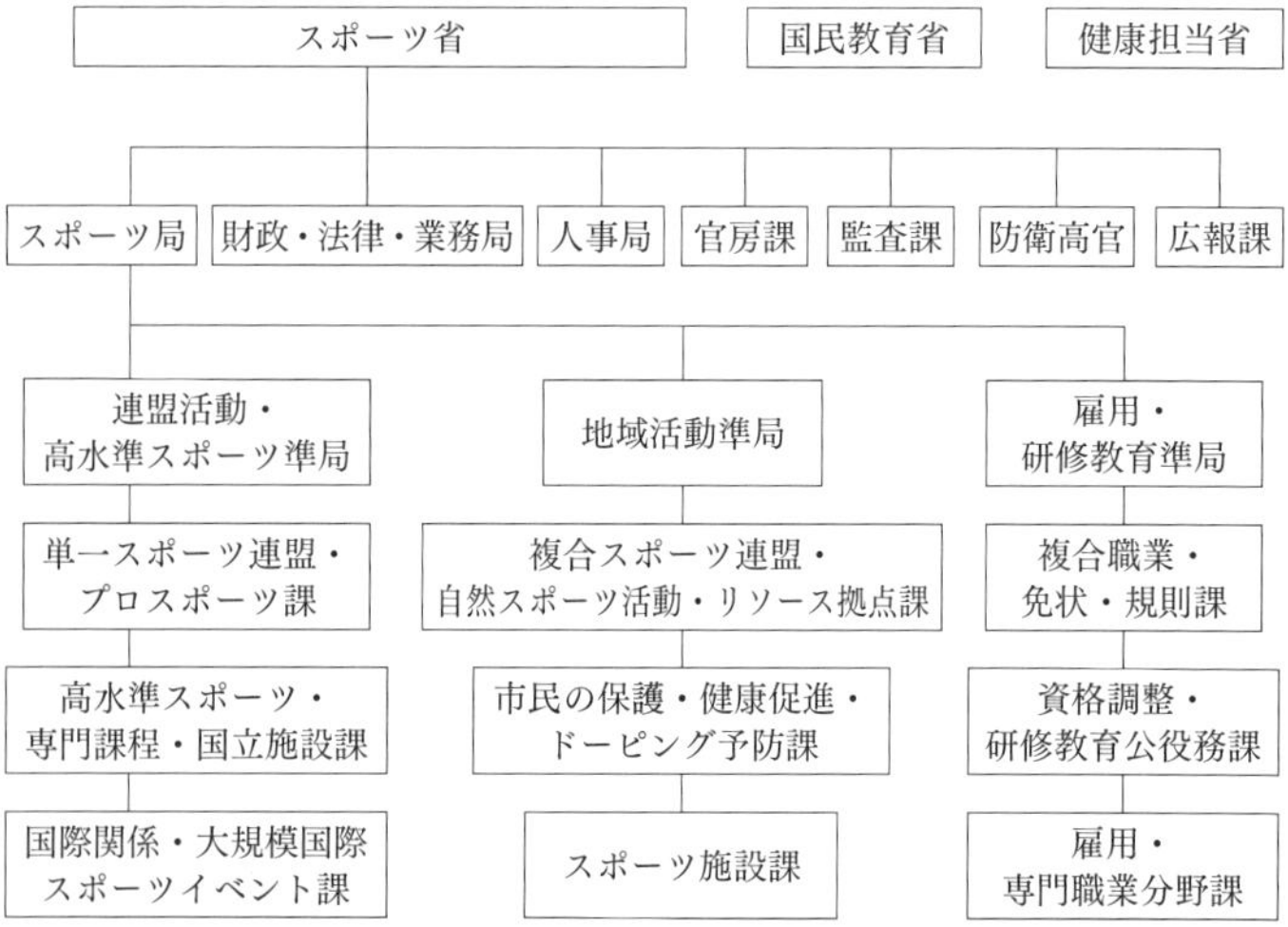

図1　フランスのスポーツ組織
（出典：文部科学省「諸外国および国内におけるスポーツ振興施策等に関する調査研究（平成22年度）」〔https://www.mext.go.jp/a_menu/sports/chousa/detail/1309352.htm〕［2022年1月6日アクセス］）

したが、歴史上、ほかの関連する省庁に組み込まれて存在する時期のほうが長かった。スポーツ関係省庁の歴史は十九世紀までさかのぼることができるが、行政府に省として組み込まれるのは第一次世界大戦以後である[17]。当初、スポーツ省のもととなる組織は戦争省の一部署として創設され、一九二一年に公教育省の一部になった。

一九六三年に青少年・スポーツ庁（Secrétariat d'Etat de la Jeunesse et des Sports）、六六年に青少年・スポーツ省（Ministère de la Jeunesse et des Sports）が設置される。二〇二一年の時点でのフランスのスポーツ関係省庁は、この青少年・スポーツ省と教育省を統合した省の一部として構成され、「省」ではなくスポーツ「担当省（ministère chargé des sports)」として設置されている。

フランスのスポーツ政策について理解するためには、このようなスポーツ関係省庁の存在に加え、地方自治体のスポーツ政策をみる必要がある。フランスの地方自治体[18]はいくつかの行政単位に分けられるが、①市町村（commune）、②市町村広域連合体（groupements intercommunaux）、③県（département）、④地域圏（région）の四分類が基本である。在日フランス大使館によれば、市町村は約三万六千六百、市町村広域連合体は約二千六百、県は百一、地域圏は二十二ある[19]。パリやリヨンのような大都市では「市」の単位が大きいため、そのなかに「区」がある。各行政単位で異なるスポーツ政策を実施していて、その中身は個別の自治体ごとに異なる。一つのスポーツクラブが異なる行政単位の自治体から支援を受けることも、しばしばある。

フランスの人口は、二〇二一年一月時点で約六千七百四十万人である[20]。この数を市町村数で割ってみればわかるとおり、単純平均で市町村あたりの人口は二千人程度である。この人口規模でスポーツ施設を建設したり、スポーツクラブをいくつも運営したりするのは、一般に非常に困難である。そのため、フランスでは市町村スポーツオフィス（Office municipal des Sports）というスポーツ組織が全国にある。この「オフィス」のほとんどは、一九四五年以降に創設されたものである[21]。役割はそれぞれだが、基本的には複数の市町村にまたがってスポーツ組織やスポーツ施設の運営に関わるほか、スポーツのイベントの企画と運営もおこなう。この市町村スポーツオフィスは、フランスの法律では「アソシエーション（association）」と呼ばれるものである。日本でこれに比較的近い制度はＮＰＯ（民間非営利団体）である。フランスの場合、利益の分配以外を目的にして恒常的な活動をしている組織はアソシエーションと見なされ、日本のＮＰＯよりも対象になる組織の種類が多様である。[22]

4　市民社会とスポーツ

ここまで、フランスのスポーツ省と地方自治体を中心に、フランスのスポーツ組織の仕組みを紹介してきた。しかしながら、当のスポーツ省は「スポーツの主要なアクター」として、より多様な組織を挙げている。[23] それは、国家（スポーツ省など）、国立スポーツ庁（Agence nationale du Sport）、フランス・オリンピック委員会（ＣＮＯＳＦ）、百十五の連盟と二十三の全国連合、地方自治体、企業、全国スポーツ評議会（ＣＮＳ）、である。同省は地域圏ごとのスポーツ政策の指針である「スポーツ振興基本計画」も挙げているが、これは組織ではない。

フランスには大小のさまざまなスポーツクラブがあり、目的も競技志向から娯楽志向まで多様である。その多くが、フランスの法律で「アソシエーション」として認定され、公的ないしは民間の助成を受けている。財源はクラブによってさまざまで、営利目的で運営する場合もあれば、非営利目的の場合もある。オリンピックや国際大会に関わる競技スポーツにはフランス政府が関与するが、主として周辺地域の住民が関わる中小のスポーツクラブに助成をするのは、地方自治体や民間の組織である。

例えば、柔道クラブについて日本とフランスを比較する場合、フランスでは柔道クラブがＮＰＯ法人のような存在であることを認識する必要がある。日本の柔道クラブや教室がＮＰＯ法人であることはまれである。他方で、日本の部活動のようにクラブと学校教育が結び付いているケースは、フランスではまれである。スポーツクラブの組織としての法的性格が、一般的な傾向として日本とフランスでは異なるのである。

スポーツ種目によって異なるものの、オリンピックの種目に含まれる競技については特に、大小のクラブがフランス全国単位の連盟によって組織されている傾向にある。柔道もこの例にもれず、フランス柔道・関連競技連盟（以下、フランス柔道連盟と表記）という組織が、柔道クラブの基本的な運営方針と順守事項を定めている。この連盟には柔術も含まれているが、フランスの柔術にはいくつかの流派があり、柔道連盟の枠内で活動をおこなっているクラブと、そうでないクラブがある。このように、すべてのクラブが何らかの連盟に属しているわけではない。個別のクラブは、それぞれの事情に応じて組織化されている。日本との大きな違いは、中・高生の場合でも、学校教育とスポーツ組織の結び付きが非常に限定的なことである。

5　現代フランスのスポーツ競技人口

注意する必要があるのは、競技人口は連盟単位で集計するのが一般的なので、連盟によって組織化されていないスポーツ種目の競技人口は、統計上明らかではないことである。極端な例を挙げるならば、ジョギングもスポーツだが、ジョギングをする人のほとんどはフランス陸上競技連盟に登録しているわけではない。なぜこのようなことがいえるかというと、同連盟に登録している人が三十万人強なのに対して、実際に定期的にジョギングしている人は数百万人もいるからである。フランスの公的調査によれば、フランスの成人の半分程度が週に一度は何らかのスポーツをしていて、その一〇パーセント程度がジョギングをすると回答している。(24)

フランスのスポーツ人口を捉える方法には、どのようなものがあるのだろうか。例えば、無作為抽出の量的調査で、フランス在住者を対象に一般化可能な形で調査することはできる。この場合はしかし、どのくらいの頻度で何かスポーツをしていれば、その競技人口に含めていいのかの定義が必要になる。さらにいえば、日本でもフランスでも現在はウォーキングがスポーツの一種と見なされることが多いが、半世紀前はスポーツと考えられていなかった可能性がある。つまり、「スポーツをする」ことの定義は容易ではないのである。

そこで、より確実なスポーツ統計として、スポーツ連盟に属しているアソシエーションの登録者数を用いることが多い。これだけではスポーツをどのくらいの頻度でおこなっているかはわからないが、通常は有料であるアソシエーションにわざわざ登録する人の大半は、そのスポーツを定期的におこなっていると考えていいだろう。図2は、アソシエーションの登録者数に着目したフランスのスポーツ人口の変遷である。

アソシエーションの分類は、①オリンピック種目（諸）連盟、②非オリンピック種目（諸）連盟、

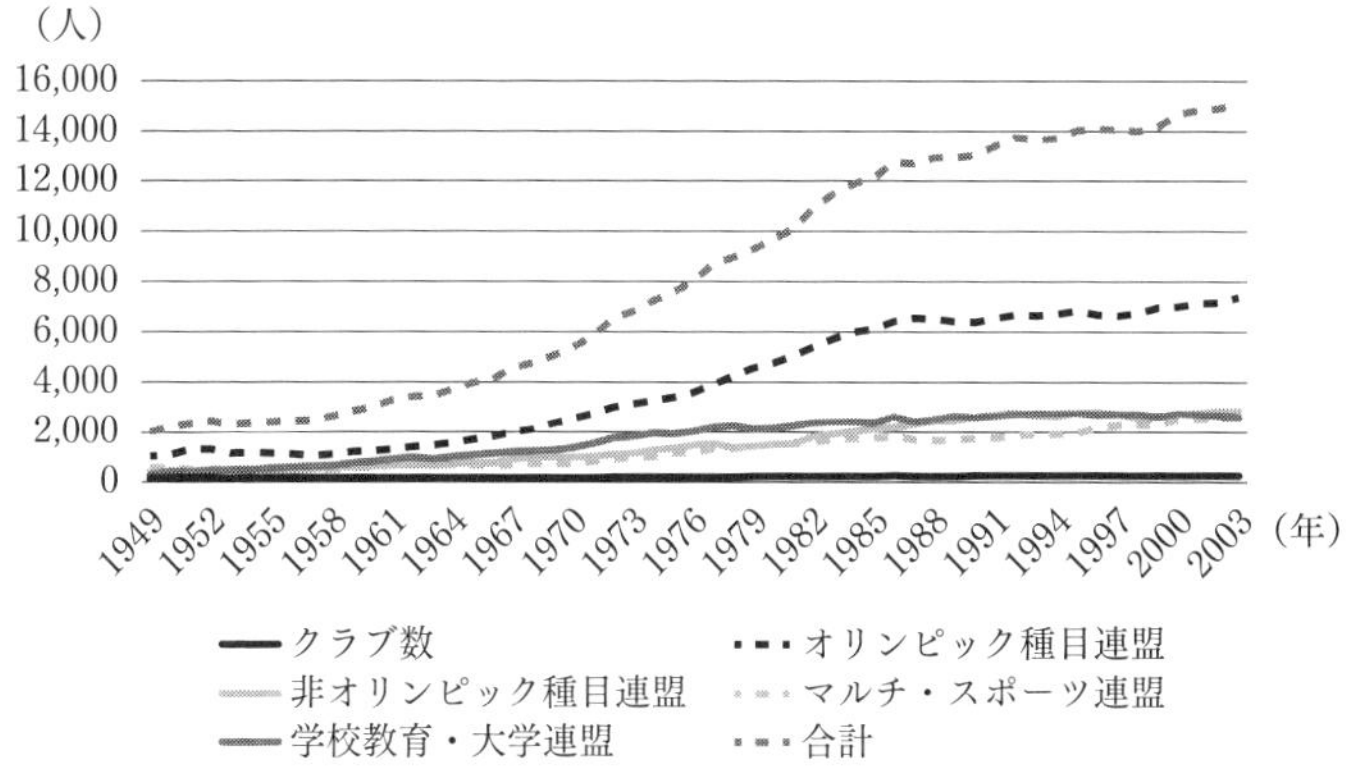

図2　1959年から2003年にかけてのフランスのスポーツ人口の変遷
（出典：以下の政府報告書に公開されている統計を用いて作成した。*Jeunesse, Sports et Vie Associative. STAT – Info. Bulletin de statistiques et d'études.* N°04-04, Octobre 2004.）

③マルチ・スポーツ（諸）連盟、④学校教育・大学（諸）連盟、となっている。①はオリンピック種目に認定されているスポーツの諸団体、②はオリンピック種目には認定されていないスポーツの諸団体、③は複数のスポーツを含み、政治運動を背景にもつ連合（affinitaires）と呼ばれる諸団体と障碍者スポーツ団体、④は教育組織と結び付いたスポーツ団体、である。④は③に含めることのほうが多い。

以上の諸連盟にはそれぞれ特色があるが、スポーツ人口の増加という観点から重要なのはオリンピック種目諸連盟である。図2からわかるように、オリンピック種目の競技人口は一九六〇年代後半から八〇年代前半にかけて、桁違いに増加している。これには、フランス政府のスポーツ政策が大きく影響している。五八年以降のシャルル・ド・ゴール政権下では、スポーツの普及が重視された。モーリス・エルゾーグは五八年から六六年まで青年・スポーツ大臣を務めたが、彼の任期中にフランスのスポーツ行政がスポーツの「民主化」に向けて整備され、競技場などのスポーツ施設がフランス各地に次々と建設されていった。[25]フランスのスポーツ人口の増加には、この時代の政治が重要な契機になった。

現代フランスの代表的なスポーツとして、競技人口と組織化という観点からは、サッカー、テニス、バスケットボール、馬術、柔道を挙げることができる。サッカーは最も人気があり、庶民的であり、ビジネスや政治と深く結び付いている。テニスと馬術は比較的裕福な階層と結び付いている。テニスは競技人口が幅広い年代に広がっているのに対して、馬術は小学生の女子に偏っている。また、テニスには商業的要素があるが、競馬を除くと、馬術に商業的要素は薄い。このように、スポーツの種目によって関わる人々の社会的属性は異なり、スポーツをすることの意味も異なる。[26]

表1は、代表的な競技種目団体ごとの競技人口を一九九四年と二〇一九年の統計だけ選び、筆者が作成したものである。[27]柔道に関してこの表から指摘できることは、一九九〇年代から二〇一九年まで、競技人口では上位に位置づけられてきたことである。

各スポーツ種目の競技人口の変遷に加え、ジェンダー比、年齢比、地域差なども分析の対象に加えていけば、社会学的分析が求められるだろう。本章は、スポーツ組織と競技人口という観点からフランスのスポーツを概観するにとどめたい。柔道とほかの競技の比較を詳細におこなうには、さらに本章の何倍もの紙幅が必要になるからである。

フランスで「スポーツ」とは何だろうか、という問いを本章の冒頭で提示した。十九世紀前半に、イギリスから「スポーツ」という言葉がフランス語に入ってくる。それ以後、この言葉はさまざまに定義され直していくが、それらの共通項は身体運動である。クーベルタンが活躍し始める十九世

表1　競技種目団体ごとの登録者数（筆者作成）

<table>
<tr><th colspan="2">連盟</th><th>1994年
（単位：千人）</th><th>2019年
（単位：千人）</th></tr>
<tr><td rowspan="17">オリンピック種目</td><td>サッカー</td><td>1,927.2</td><td>2,198.8</td></tr>
<tr><td>テニス</td><td>1,148.7</td><td>978.9</td></tr>
<tr><td>バスケットボール</td><td>454.7</td><td>711.0</td></tr>
<tr><td>馬術</td><td>299.0</td><td>624.0</td></tr>
<tr><td>柔道・柔術</td><td>450.1</td><td>563.0</td></tr>
<tr><td>ハンドボール</td><td>205.2</td><td>492.1</td></tr>
<tr><td>ゴルフ</td><td>228.1</td><td>418.7</td></tr>
<tr><td>ラグビー</td><td>248.1</td><td>387.2</td></tr>
<tr><td>カヌー＝カヤック</td><td>89.2</td><td>364.3</td></tr>
<tr><td>水泳</td><td>159.8</td><td>363.8</td></tr>
<tr><td>体操</td><td>167.2</td><td>325.9</td></tr>
<tr><td>陸上競技</td><td>142.9</td><td>320.0</td></tr>
<tr><td>帆船</td><td>203.3</td><td>257.4</td></tr>
<tr><td>空手</td><td>178.0</td><td>245.3</td></tr>
<tr><td>射撃</td><td>137.1</td><td>226.7</td></tr>
<tr><td>卓球</td><td>144.6</td><td>211.9</td></tr>
<tr><td>バドミントン</td><td>34.1</td><td>191.0</td></tr>
<tr><td rowspan="5">非オリンピック種目</td><td>ペタンク</td><td>581.5</td><td>300.1</td></tr>
<tr><td>潜水スポーツ</td><td>161.9</td><td>272.0</td></tr>
<tr><td>長歩き</td><td>265.5</td><td>257.5</td></tr>
<tr><td>砂上ヨット</td><td>4.6</td><td>139.9</td></tr>
<tr><td>自転車旅行</td><td>117.2</td><td>119.0</td></tr>
<tr><td rowspan="3">マルチ・スポーツ</td><td>連合組織</td><td>1,457.4</td><td>2,656.4</td></tr>
<tr><td>障碍者スポーツ</td><td>36.3</td><td>97.9</td></tr>
<tr><td>学校・大学</td><td>2,581.2</td><td>3,192.3</td></tr>
</table>

紀末以降、身体運動一般とスポーツを隔てるのは、後者が組織と深く結び付いてきた点である。

組織化されていない身体運動はスポーツではない、とまではいえない。しかし、組織化され、共通のルールや目標が定められることで、現在のフランスの主要なスポーツ種目は成立している。個人が組織に属さずにスポーツをする場合にも、組織化された競技規則や有名選手のパフォーマンスなどが暗黙裡に参照されているだろう。組織化された身体運動という要素が、現在のフランスでスポーツとされているものの実態に合っている。

注

（1）レイモン・トマ『スポーツの歴史 新版』蔵持不三也訳（文庫クセジュ）、白水社、一九九三年

（2）Laurent Turcot, *Sports et loisirs: une histoire des origines à nos jours*, Gallimard, 2016.

（3）Thierry Terret, *Histoire du sport*, 5e éd., Presses universitaires de France, 2016.

（4）Allen Gutmann, *From Ritual to Record : The Nature of Modern Sports*, Columbia University Press, 2004, pp. 15-55.

（5）前掲『スポーツの歴史 新版』一九ページ

（6）“Dictionnaire de français “Littré.”” (http://littre.reverso.net/dictionnaire-francais/)［二〇二二年一月六日アクセス］、参照

（7）前掲『スポーツの歴史 新版』二一ページ

（8）同書二二ページ

（9）Pierre de Coubertin, *Pédagogie sportive: histoire des exercices sportifs, technique des exercices sportifs, action morale et sociale des exercices sportifs*, Vrin, 1972, p. 7.

（10）Georges Magnane, *Sociologie du sport: situation du loisir sportif dans la culture contemporaine*, Gallimard, 1964.

（11）本書は社会学の教科書でも研究書でもないので、「社会」の定義や捉え方について専門的な議論には踏み込まないが、社会学的な概念はいくつか紹介する。スポーツ社会学の理論に関心がある読者は、日本スポーツ社会学会編「特集 スポーツ社会学の理論を再考する」「スポーツ社会学研究」第十九巻第一号（日本スポーツ社会学会、二〇一一年）をお読みいただきたい。

（12）ピエール・ブルデュー『社会学の社会学』田原音和監訳（Bourdieu library）、藤原書店、一九九一年、二二四ページ

（13）Jean-Michel Faure and Charles Suaud, *La raison des sports: Sociologie d'une pratique singulière et universelle*, Raisons d'agir, 2015.

（14）Jacques Defrance, *Sociologie du sport*, 5e éd., Éditions la Découverte, 2006.

（15）Patrick Clastres and Paul Dietschy, *Sport, culture et société en France: du XIXe siècle à nos jours*, Hachette supérieur, 2006.

（16）文部科学省の調査報告「諸外国および国内におけるスポーツ振興施策等に関する調査研究（平成22年度）」の「1—2 組織図および比較表」を参照。文部科学省「諸外国および国内におけるスポーツ振興施策等に関する調査研究（平成22年度）」（https://www.mext.go.jp/a_menu/sports/chousa/detail/1309352.htm）［二〇二二年一月六日アクセス］

（17）*Etude annuelle 2019 - Le sport: quelle politique publique ?*, Conseil d'État, 2019, p. 34. 以下のサイト

からダウンロード可能。« Le sport: quelle politique publique ? ». (https://www.conseil-etat.fr/ressources/etudes-publications/rapports-etudes/etudes-annuelles/etude-annuelle-2019-le-sport-quelle-politique-publique)［二〇二二年一月六日アクセス］

(18) フランスの地方自治体の概要については、自治体国際化協会パリ事務所「フランスの地方自治2017年改訂版」(［https://www.clairparis.org/ja/research-jp/kd2-jp］［二〇二二年一月六日アクセス］) を参照。

(19) 在日フランス大使館「フランスの地方制度改革」(https://jp.ambafrance.org/article10916)［二〇二二年一月六日アクセス］

(20) INSEE, « Bilan démographique 2020 ». (https://www.insee.fr/fr/statistiques/5012724)［二〇二二年一月六日アクセス］

(21) Patrick Bayeux, *Le sport et les collectivités territoriales*, Presses Universitaire de France, 2013, pp. 6-7.

(22) フランスのアソシアシオン（アソシエーション）一般について日本語で読める文献として、コリン・コバヤシ編著『市民のアソシエーション——フランスＮＰＯ法100年』（太田出版、二〇〇三年）がある。日本のＮＰＯとの比較など情報を更新する必要がある記述がいくつもあるため、二〇〇三年に刊行された本だということを踏まえて読む必要がある。フランス語では、例えば以下の二冊がフランスのアソシアシオンの入門書として優れている。Jean-Louis Laville and Renaud Sainsaulieu, *L'association: sociologie et économie*, Pluriel, 2013, Simon Cottin-Marx, *Sociologie du monde associatif*, La Découverte, 2019.

(23) スポーツ省のウェブサイト "Organisation en France" を参照。"Organisation en France." (https://

www.sports.gouv.fr/organisation/organisation/organisation-en-france/)〔二〇二一年一月六日アクセス〕

（24）“Les premiers résultats de l'enquête 2010 sur les pratiques physiques et sportives en France.” (https://www.sports.gouv.fr/IMG/archives/pdf/Stat-Info_01-11_decembre2010.pdf)〔二〇二一年一月六日アクセス〕

（25）Clastres and Dietschy, *op. cit.*, pp. 159-166.

（26）Defrance, *op. cit.*, pp. 26-48.

（27）統計はINSEEの « Licences sportives et autres titres de participation par fédération agréée: Données annuelles de 1991 à 2019 » を用いた。

第2部

フランス柔道の教育システムの成立

第5章　フランスにおける柔道の確立

星野　映

はじめに

フランス柔道の歴史は、国際的な柔道のありようとフランス国内の状況が相互に関連しながら、ときには組織的な分裂をも伴って展開してきた。そのなかで特に大きなテーマと見なされてきたのが、フランス独自の技術指導法である。萌芽期から指導法が考案され、その指導法によって柔道の普及が図られたフランス柔道では、それをめぐって議論が繰り返されてきた。

そして、技術指導を考案するプロセスのなかで、技や倫理規範などに関してどのような取捨選択をするのかには、柔道を取り巻く時代状況の変化のなかで、柔道に何を重視し、何を求めているのかが反映される。現在のように教育的スポーツとして認識される柔道も、そうした試行錯誤のうえに作り上げられたものである。

本章では、その最初の段階にあたる、第二次世界大戦から一九五〇年代に至るまで、フランスで柔道が一つのスポーツとして台頭していく過程を追っていく。

1　川石酒造之助とポール・ボネ＝モリ

川石式柔道

フランス柔道連盟（Fédération française de judo, jujitsu, kendo et disciplines associées：以下、FFJDAと略記）の公式ウェブサイトによると、「フランスにおいて柔道は一九三〇年代に登場したが、川石酒造之助氏と、四六年にフランス柔道連盟の初代会長となるポール・ボネ＝モリ氏の推進力によって、とりわけ第二次世界大戦後から発展していく(1)」とされている。

一九三〇年代以前にも日本から柔道家がやってきて柔道を紹介することもあったし、身体鍛錬法として柔術が紹介されたことや、世界各地を転戦する柔術家の来仏で柔術ブームが起きた時代もあった(2)。だがフランスで、パリを中心に柔道が一つのスポーツとして認知されるのは、第二次世界大戦期のドイツ占領下にあった時代のことである。ここで中心的な役割を果たしたのが川石酒造之助《かわいしみきのすけ》とボネ＝モリだった。

一九三〇年前後からボネ＝モリを含むキュリー研究所の科学者など、パリの知的エリートたちは護身法としての柔道・柔術に関心を持ち始め、研究し、実践するようになっていた。この集まりは三六年にフランス柔術クラブとして組織化され、これがフランス柔道史上最初のクラブだったとされている。そして、このクラブの技術指導者として招聘されたのが、ちょうど同じ頃イギリスから渡仏してきた川石だった(3)。これが川石とボネ＝モリという、フランス柔道の草創期を形成することになる二人の邂逅である。

第二次世界大戦が勃発すると、ドイツ軍の侵攻によって一九四〇年六月にパリが陥落し、フランス政府はヴィシーに移った。フランス柔術クラブは、四〇年六月のドイツ軍侵攻時には一時的に活動を停止したものの、八月には早くも活動を再開した(4)。十一月二十八日のスポーツ新聞「ロト」紙は、フランス柔術クラブの活動を写真付きで紹介している。写真には柔道衣を着て組み合う子どもと、その傍らにはボネ＝モリと川石が写っている（図1）。クラブの代表をボネ＝モリが務め、川石は技術指導を担った(5)。

LES PLUS JEUNES PRATIQUANTS DE FRANCE
DE JIU-JITSU

Les deux frères Kouchkowsky, 8 ans et 10 ans, viennent de passer avec succès leur examen pour l'obtention de la « ceinture orange ». A droite, le professeur Kawaishi; à gauche, M. Bonet-Maury, président fondateur du Jiu-Jitsu Club de France. (Photo A.B.C.)

図1　「ロト」紙で紹介されたポール・ボネ＝モリ（左）と川石酒造之助（右）
（出典：*L'Auto*, 28 novembre 1940, p. 1.）

同記事は、クラブ内の試合や川石の演武、昇段級制度などを紹介している。当時クラブには約八十人の会員がいたというが、なかには弁護士や医師のような知的専門職や産業資本家、あるいは学生などが数多く在籍していた(6)。ドイツ軍占領下に入った直後から、川石は月謝を二百五十フランに値上げし、さらに特別コースを受講する場合は追加の支払いを必要とした。一九四一年時点で、特別コースは三百五十フランという非常に高額な設定になっていたという(7)。図1には子どもの姿が写っているものの、草創期のフランス柔道は裕福な大人を対象としていたのである。

高額な月謝を得ることで生計を立てていた川石の柔道家としてのあり方は、フランスで「柔道を教えること」を職業として成り立たせることにつながった。柔道を教授することで報酬を得るという仕組みは、ドイツ軍占領下にあった時代のパリで川石によって始まったのだった。

川石は多くの柔道家を養成するなかで、独自の柔道指導法を考案していった。「大外刈り」や「背負い投げ」といった日本語の技名称を使わず、主に使う体の部位ごとに技を分類したうえで、それぞれの技に番号を付した。例えば「大外刈り」は「足技1番（1er lancement de jambe)」「背負い投げ」は「肩技2番（2e lancement d'epaule)」といった具合である。これが色帯に対応していて、技術の習得レベルに加えて、修行期間やクラブ内での試合などの成績から、白、黄色、オレンジ、緑、青、茶、黒という帯の色が決められた。審査をするのはもちろん川石だった。

また、この技術の分類には日本で禁止されていた脚部や頸部への関節技も含まれており、これは川石が指導する柔道の特徴だった。

クラブでは柔道と柔術を指導していて、柔道は「力の強さや年齢によらず、誰もが実践できる格闘スポーツ」として理解されていた(8)。他方で、柔術は素手やナイフ、拳銃、椅子などで襲われた場

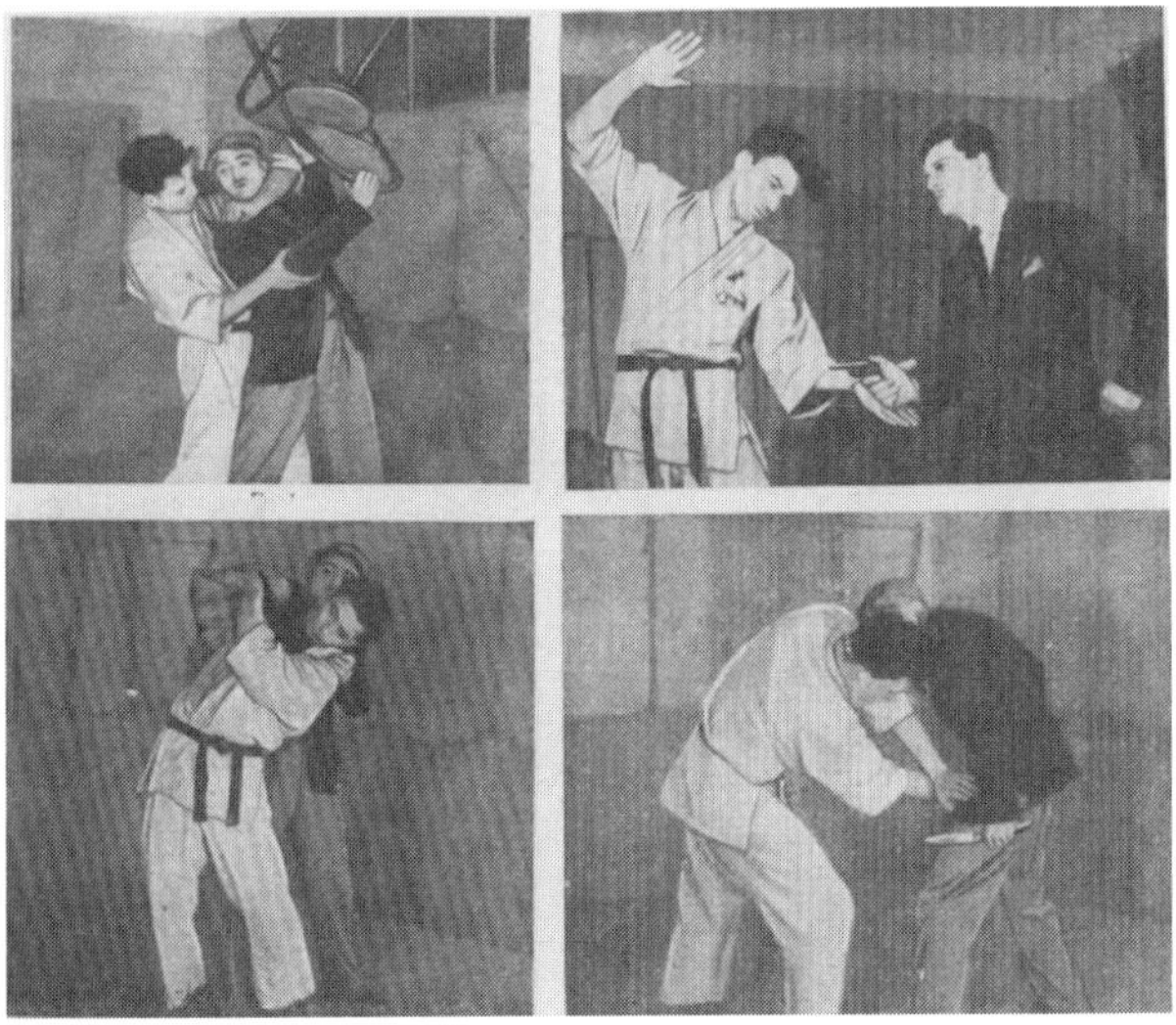

図2　1940年代のフランスで指導された護身法としての「柔術」
（出典：Jean de Herdt, *Jiu-jitsu and Judo*, Editions S.E.I.P., 1945, pp. 8-11.）

合にどのように対応するかという、いわゆる護身法だった（図2）。現在に至るまで護身術は、昇段審査の項目として規定されるなど、フランス柔道の大きな特徴であり続けている。

この川石独自の柔道法は占領期後半までに考案されていったとされ、「川石式《メトード・カワイシ》（Méthode Kawaishi）」などと呼ばれるようになっていく。

初段以上の有段者を表す「黒帯（Ceinture noire）」は優秀な柔道家の証しであり、一九四〇年代までは黒帯を有していることが指導者としての能力を保証するものだった。川石は、自らが養成した教え子にもクラブの開設を促し、黒帯を取得した川石の教え子が、今度は指導者になって自らのクラブを開いていった。四〇年代まで、フランスに存在するクラブの数は、有段者の数よりわずかに下回る程度だったという。(9)

新たにクラブを開いた柔道家たちは、川石の指導モデルをまねた。高い月謝を取るクラブ運営のあり方もそうだが、指導に関しても川石式が用いられた。占領期には、パリを含むセーヌ県では少なくとも九つのクラブが開かれているが[10]、新たに指導者になった柔道家は、さらに次代の指導者候補を養成していった。フランスでは、こうして雪だるま式に柔道クラブが増えていくことになる。

新たなスポーツ、「柔道」

一九四三年五月には、パリ市内で第一回フランス柔道選手権大会が開催された。選手権の優勝杯は、川石の最初期からの教え子の一人であるジャン・ド・エルトゥが獲得した。試合のほかに川石による十人掛けや、アンドレ・メルシエらによる護身術の演武などがおこなわれている。これらのプログラムの演出を考案していたのがポール・ボネ＝モリだった[11]。

ボネ＝モリは、同大会に先立って一九四二年にフランスレスリング連盟の理事になり、連盟傘下に柔道柔術部門を作って、その代表に就いていた[12]。初の選手権大会は大成功を収めた。翌年には第二回大会が開催され、選手権試合では第一回に引き続きド・エルトゥが優勝し、ほかに川石のデモンストレーションなどがおこなわれた。この大会で後援をしていたスポーツ紙「ロト」は、大会の成功が「明らかに、川石師範の完璧な指導とフランスレスリング連盟柔道部門代表のボネ＝モリ氏の優れた運営手腕のおかげである[13]」ことを伝えた。

ヴィシー政権のスポーツ行政組織が発行した「トゥ・レ・スポール」は、「柔道は川石師範によってフランスで改良され、第二回フランス選手権によってパリの民衆の前でその公認を受けたのである」[14]と大会について解説した。第二回大会にはパリ周辺だけでなく、マルセイユからも参加があり、こうした柔道の広がりによって、「柔道は、他のスポーツと肩を並べるにふさわしい」ものであると評価されることになった。

フランスでは、第二次世界大戦期に柔道が一つのスポーツとして、こうして姿を現したのだった。柔道は「身体的な能力に加えて、苦しみに対する冷静さや耐久力、抵抗を必要とするために道徳的な能力も発展させる」もので、「フランス青年の身体的・道徳的養成」という点で優れたスポーツであると見なされた[15]。単なるスポーツ以上の教育的な機能を主張することで、ヴィシー政権下でいち早く政府の公認を受けることが可能になったといえる。

戦況の変化に伴い、川石は、クラブの技術指導を教え子に託し、一九四四年八月にフランスを退去することになった[16]。川石がフランスに戻るのは四八年末のことである。ドイツの侵攻からフランスを去るときまでに、川石は三十人を昇段させていた[17]。これ以降、ボネ゠モリや川石の教え子たちが中心になり、柔道はフランスで急速に広がっていくことになる。

2　フランス柔道、最初の分裂と統合

フランス柔道柔術連盟による柔道普及

フランス柔道柔術連盟（Fédération Français de Judo et Jiu-Jitsu：以下、ＦＦＪＪと略記）は、戦

後直後に整理された各種スポーツ競技統括連盟の一つとして、一九四六年十二月に成立した。会長にはポール・ボネ＝モリが就任し、副会長には医師であるジャン＝ポール・ガレと、パリの有力実業家アンドレ・メルシエが就いた。そのほかにも理事会役員には川石の直弟子で、戦時期に柔道を続けたパリの名士たちが名を連ねていた(18)。彼らを中心に、ＦＦＪＪＪはフランス全土への柔道の普及を試みる。

ＦＦＪＪＪは、川石酒造之助が作り上げた方法・制度をベースにしながら、中央集権的に技術や指導者ライセンスなどを管理する体制を敷いていった。柔道を指導するためには、原則的に「黒帯以上を有すること」「連盟に指定された場所で、有段者として、その候補者を養成した指導者のアシスタントとして最低一年の研修期間を完了していること」といったさまざまな条件が求められ、試験に合格したＦＦＪＪＪ加盟の柔道家にだけ指導をおこなうことが認められた(19)。

試験科目には指導の実技試験だけでなく、「解剖学および生理学の基礎」や活法を用いた「救急処置法」の試験など、安全性を確保するうえでの知識や技術的な裏付けが指導者に求められていた(20)。

川石が柔道指導で高額な月謝を得ていたように、柔道を教えることで生計を立てている柔道家は数多くいた。フランス柔道史上の最初の有段者百人のうち約半数は柔道指導で生計を立てていて、とりわけパリでその割合が高かった。また、自らの柔道指導によって何らかの報酬を得ていた柔道家は、最初の百人の有段者のうち八〇パーセントを超えていたとされる(21)。

日本に一時帰国していた川石は、ボネ＝モリらの尽力によって、一九四八年末にフランスでの指導に復帰し、その直後に、川石はＦＦＪＪＪの技術指導部長に就任した。また、フランス柔術クラブは川石の指示によって「フランス柔道クラブ」と改称し、オーギュスト＝ブランキ通りに道場を開設し、ここにＦＦＪＪＪと、後述する有段者会の本部が置かれた。

ＦＦＪＪ設立から一年後の一九四七年十一月九日、川石の教え子で第一回フランス選手権王者のジャン・ド・エルトゥの呼びかけのもと、フランス有段者会（Collège des Ceintures Noires de France：以下、有段者会と略記）が結成された。[22] 有段者会は、有段者向けの技術研究や講習会を実施し、また、有段者の相互親睦を深めることを目的とした。柔道の競技運営を担うＦＦＪＪに対して有段者会は、単なるスポーツ競技にとどまらない柔道の価値を保護することを重視した。

ほかに有段者会の重要な役割として、昇段審査会の運営があった。「昇段試験（Sho-dan-Shiken）」と日本語で称された昇段審査会は、フランス人柔道家たちにとっての一大イベントだった。川石のフランス復帰後は、昇段の決定に関しては川石の発言権が強かったものの、昇段審査権は有段者会の特権として機能した。昇段試験では「形の試験」と「試合」という日本でおこなわれているような試験項目に加えて、「技術の知識に関する試験」もおこなわれていた。[23] 一九五一年にフランスを訪れた早川勝は、パリで川石が中心となって実施されていた昇段試験について次のように述べている。「中央道場での審査の実地に行きあわせたが、受審者をして投の形、固の形、極の形等を段位に応じて演練させ、口頭試問、乱取歩合等を総合して決定している」。[24] 六四年のオリンピック東京大会にフランス代表で出場したジャック・ル・ベールは、のちに当時を振り返って、「川石先生の時代には、昇段級審査では彼の方法を暗記していなければなりませんでした」として、「「足技の一番目あるいは二番目を示しなさい」などとテストされました[25]」と述べている。

こうして第二次世界大戦直後から、ＦＦＪＪと有段者会が中心になって、川石式をベースにしたフランス全土への柔道普及が試みられた。一九四八年にはフランス全体で約六十のクラブがあったとされるが、[26]五〇年には百七十を超えるまでになった。[27]フランス柔道の拡大は急速に進められていたのである。

ＦＦＪＪが川石式で柔道普及を進めた一方で、川石式以外の方法は、とりわけ川石本人や川石式で養成された柔道家たちの間で異端視された。例えば、フランス柔道クラブのジャン・ボージャンは川石が不在の間、クラブでの技術指導を任される実力者だったが、「フランスで行われている柔道の方式は嘉納師範のそれとはかならずしも根本原理において一致していないように思われた」ために一九四九年に日本へ渡り、講道館を訪れた。講道館で稽古を積んだボージャンは、「フランス柔道連盟が正しい講道館柔道を基礎とすることに関心をもたねばならない」[28]と考えたという。

ボージャンの行動はＦＦＪＪの会議で批判的に取り上げられた。[29]さらに一九五二年一月十九日の有段者会総会では、ジャン・ド・エルトゥの求めによって、ボージャンと、同行したロジェ・デュシェーヌの「段位はく奪」および「有段者会からの除名」を発案した。これらの案は会議で否決されたものの、二人は戒告処分になった。[30]ＦＦＪＪは、講道館柔道を異端化して否定的な姿勢をとり、川石式を支柱とした柔道普及を推し進めていったのである。

日本の人々であれば、一八八二年に嘉納治五郎が創始したものが本来の柔道であると考えるだろう。ところがフランスでは、日本の講道館ではすでに実施されていなかった技術を織り込みながら体系化されていった川石式が最初に大きく広がった。そのため、戦後になって紹介された講道館柔道のほうが当時のフランスの柔道家にとっては新奇で異質な柔道だったようである。

先に登場した早川勝は、ＦＦＪＪについて次のように語っている。

会長のボネ・モリ氏は、キュリー研究所の医学博士、真摯な紳士である。その他の理事も弁護士、教授、医師等で占められて居る。[31]

また、早川は、各クラブの様子についても説明している。

月謝は比較的に高い。（略）従って中流階級の修行者が比較的に多い。小生ののぞいた道場でも海軍省の課長（大佐）や、医学博士や、弁護士やと言う手合が、大汗かいて稽古をして居た。[32]

一九五〇年代初頭にパリを訪れた日本人にとって、フランスの柔道は高級なイメージをまとっていた。だが、これはあくまでも「パリの柔道」のイメージなのであった。

ＦＦＪＪによる柔道普及が進められるなかで、新たに日本人柔道家も招聘された。一九五〇年七月には粟津正蔵[33]が、五三年七月には道上伯[34]がフランスに着いた。二人はそれぞれ大いに歓迎され、来仏を記念したイベントが催された。二人はＦＦＪＪの技術指導部長である川石を補佐した。また、粟津はパリで、道上はフランス南西部のボルドーを中心に、技術指導と普及に努めた。

このように一九五〇年代前半までのフランス柔道は、技術的にも制度的にも、川石酒造之助やパリの名士たちが作り上げた方法によってＦＦＪＪＪの中央集権体制のもとに進められていったのである。

講道館派の台頭

ＦＦＪＪＪの役員は、パリの富裕層が中心的な担い手だった。彼らによって急激に進められた柔道普及は、その過程でギャップを生み出すことになる。さまざまな理由から、ＦＦＪＪＪに同調しないクラブや柔道家が現れ始め、やがてフランス柔道界に分裂をもたらすことになる。

一九五〇年一月、フランス南部トゥールーズにあるシュウドウカンクラブのロベール・ラッセルがＦＦＪＪＪ会長のボネ＝モリ宛てに書簡を送った。そこには次のように記されていた。

柔道は偉大なものである。なぜなら、柔道は障壁を越え、我々にあらゆる影響を与え、普遍的であるからである。（略）柔道は、それが国家的、人種的、財政的、セクト的あるいは個人的な何らかの画一的な外観に縛られてはならない。[35]

シュウドウカンはＦＦＪＪＪに加盟せず、イギリスの武道会という組織に加盟していた。シュウドウカンは、「技術指導は嘉納治五郎師範の原理に従って講道館と武道会に保証される」[36]と謳い、ラッセルはＦＦＪＪＪの川石式柔道を否定した。また、自らが求めるのは「アマチュアリズムに立脚した講道館柔道である」として、指導によって生計を立てるＦＦＪＪＪの柔道指導のあり方をも批判した[37]。

ラッセルは、「真の柔道」を研究するための給費制度をつくり、一九五一年十一月に安部一郎を「講道館から初めての正式な」指導者として招聘した[38]。安部が指導する講道館柔道は、川石式の技術指導を採用していたFFJJJに対する批判の象徴として機能するようになっていく。

安部による「講道館柔道」は、その豊富な連絡変化技と柔軟な動きで多くのフランス人柔道家を魅了するようになった。トゥールーズ以外からも注目を集めるようになり、川石の教え子のなかにも安部に指導を請う人々が現れた[39]。

FFJJJは一九五二年十月の会議で「いかなる外国人指導者も、連盟の認可なしにフランスで教えることはできない[40]」ことを確認し、あらためて「異端者」に対して排除の姿勢をとった。だが、FFJJJ内部でも講道館式を認めるべきという主張がなされ始め、一九五三年一月のFFJJJ総会では対立が表面化した。その後、「講道館派」は結集して五四年十月八日に講道館柔道アマチュア連盟（Union Fédérale Française d'Amateurs du Judo Kodokan）を発足させた。五五年初頭には講道館技術アマチュア連盟（Fédération Française des Amateurs des Techniques Kodokan：以下、FFATKと略記）に改称した。

一九五三年末にベルギーに渡った安部の代わりに、FFATKの技術指導の中心は佐藤吉衛門が担うようになった。五五年二月にフランスに着いた佐藤は、当時のフランス柔道が「職業的に発達した柔道」で、「一五〇〇フラン乃至二〇〇〇フランは高すぎる」と述べている。また、「現在の講道館柔道の様なものでなく、私の方法、私の指導法、私の柔道と云う看板を掲げて指導をした[41]」ものだったことを指摘し、川石の名前こそ出さないものの、川石式を強く非難していた。

ＦＦＡＴＫはトゥールーズだけでなく、パリやリヨンでも講習会を実施し、また、昇段審査や寒稽古などもおこなっていた[42]。トゥールーズでＦＦＪＪＪ批判の象徴として始まった講道館柔道の実践は、この頃にはＦＦＪＪＪの本拠地であるパリにまで及んでいたのである。

一九五五年四月にＦＦＡＴＫは、労働者体操スポーツ連盟（ＦＳＧＴ）の柔道部門と協定を結んだ[43]。ＦＦＡＴＫとＦＳＧＴはＦＦＪＪＪに対する批判意識をもつという点で一致していた。設立以来ブルジョア・スポーツを批判してきたＦＳＧＴにとって、パリの富裕階層によって取り仕切られ、高い月謝を取っておこなう指導システムは典型的な批判の対象であった。

ブルジョア体質に対する批判、地方からのパリへの抵抗、中央集権的な管理体制への反発など、さまざまな不満が重なり、川石式と講道館柔道の分裂構図が生み出された。フランス柔道の分裂は重層的なものであり、それだけに根深く激しかったのである。

だが、こうしたフランス柔道の分裂は、国内外でのより大きな柔道をめぐる展開と関連して急遽統合に転じることになる。

柔道の国際化とフランスの役割

第二次世界大戦直後から、ヨーロッパでは柔道の国際化の動きが活発化する。イギリスを中心に国際的な柔道連盟をつくろうという動きが生じ、一九四八年にヨーロッパ柔道連盟（European Judo Union：以下、ＥＪＵと略記）が設立された。ヨーロッパ柔道界で「新参者」だったフランスは、川

図3　1951年パリで開催されたヨーロッパ選手権大会で優勝旗を授与する嘉納履正（右）とフランス代表ジャン・ド・エルトゥ
（出　典：Claude Thibault, *Un Million de judokas : Histoire du judo français,* Éditions Albin Michel, 1966, illustrations 17.）

石やボネ＝モリの意思もあり、自らが中心的な存在になることを望んで、当初はＥＪＵに加盟していなかった。結局は五〇年に加盟するのだが、それ以降フランスはボネ＝モリを先頭として、柔道の国際化に奔走するようになる。

　ＦＦＪＪは国内の柔道普及と相まって、国際的な競技力の強化を進めていた。ヨーロッパで最も長い柔道歴をもつイギリスとの対抗試合では、一九四七年、四九年と二連敗したのち、五〇年に初めて勝利する。五一年十二月には第一回ヨーロッパ選手権大会をパリで開催し、フランス代表は個人戦ではすべての部門で優勝、団体戦も決勝でイギリスに四対一で勝利するなど、圧倒的な強さを見せた[44]。ヨーロッパ柔道界で「新参者」だったフランスは、一躍ヨーロッパの柔道最強国に躍り出たのである。

　フランスの国際的な活躍は競技力にとどまらなかった。ＥＪＵは一九五一年には国際柔道連盟（International Judo Federation：以下、ＩＪＦと略記）に改組され、柔道を統括する国際競技連盟（ＩＦ）となったが、ここでフランスは主導的な役割を果たしていく。

一九五一年に第一回ヨーロッパ選手権のパリ開催を実現したＦＦＪＪは、日本から講道館館長で全日本柔道連盟会長だった嘉納履正や、全日本選手権王者の醍醐敏郎などを大会に招待した。[45]大会後に議論された日本のＩＪＦ加盟に際しては、複数の加盟国から反対意見が出たにもかかわらず、ボネ＝モリが嘉納履正をＩＪＦ会長に推戴した。[46]

ボネ＝モリがＩＪＦ役員としての活動で特に腐心したのは、柔道のオリンピック競技への導入であった。国際オリンピック委員会の関係者にはたらきかけただけでなく、一九五三年五月の訪日時には日本体育協会の関係者とも懇談したようである。[47]折しも東京都は同年三月にオリンピック招致を議決したばかりだった。ボネ＝モリの活動は、六四年東京オリンピックで実を結ぶことになる。

オリンピック競技種目を目指して柔道が国際スポーツとしてのかたちを整えていきながらも、試合規程や技術的な基準は大きく日本に依拠していた。ヨーロッパ選手権大会やＩＪＦの規程では、日本で適用されている講道館柔道試合審判規程をそのまま用いて国際試合をおこなうことが決められていた。ＩＪＦ独自のルールが制定されるのは、一九六〇年代のことである。

ボネ＝モリを中心として、ＦＦＪＪが国際的な活動に力を入れるにしたがい、日本柔道との関係性を緊密化させることになり、国内での講道館柔道との対立という状況は合理的でなくなっていくのである。

国家資格免許と指導者組合、ＦＦＪＤＡの成立

指導によって生計を立てられるというフランス柔道のあり方は、収入を目的に十分な技能や知識

がなく柔道指導をおこなう人々を生み出した。ＦＦＪＪＪはこうした「ニセ指導者」を排除する法的根拠を得るために、柔道指導者資格を裏付ける免許の交付を政府当局に求め始める。

フランス政府は、一九四八年から安全上の問題が考えられるスポーツに関して、指導者資格を規定し始めた。四八年には山岳ガイドとスキー指導者に関する法律、五一年には水泳施設の安全確保に関する法律が成立した。ＦＦＪＪＪも、同じように安全上の配慮という点で国家免許を柔道にも導入することができると考えた。

ＦＦＪＪの要求が実を結び、一九五二年四月に「柔道指導と道場開設に関する法律案」が提出された。ＦＦＪＪＪとしては従来からの内部規約をベースとして国家免許に応用するような法案を求めていたが、介入を強めたい政府側との綱引きもあって審議は停滞した。

そうしたなか、一九五四年六月二十二日にベトナム・レスリングの指導者が、生徒に絞め技をかけさせて防御方法を示そうとした際に死亡する事故が起こった。ＦＦＪＪＪの管理下でも柔道でもない道場での出来事だったが、事故を受けてＦＦＪＪＪは国家免許の必要性をあらためて訴えた(48)。この事故の直後に法案が通過したものの、免許の審査でのＦＦＪＪＪの関与が明文化されなかったことなどＦＦＪＪＪが譲歩するかたちになり、結局は政府側の意向が強く表れるものとなった。

政府の介入が強まるかたちでの指導者免許の法案が成立しようとするなか、かつてＦＦＪＪＪ副会長を務めていたアンドレ・メルシエの声がけによって、全国柔道柔術指導者組合（Syndicat National des Professeurs de Judo et Jiu-Jitsu）が設立された。この指導者組合は、あらゆる柔道指導者すなわちＦＦＪＪＪ以外の指導者も対象として、彼らを保証することを目指した。

それによって、一九五五年五月に開かれた会合ではさまざまな組織の代表者が集まり、分裂してから初めてＦＦＪＪとＦＦＡＴＫの代表者が顔を合わせることになった。この会合では、組合の規約草案を話し合い、組合に加盟する柔道指導者の技術に関してはさまざまな方式が共存することを認める方針が示された。組合は対立しあう組織が雪解けに向かう契機をつくり出したのである。

こうして柔道界側の準備が整い、一九五五年十一月には「柔道および柔術の指導の職業ならびに格闘スポーツの指導のための道場開設に関する五五年十一月二十八日の法律第五五―一五六三号」が成立した。(49) 同法によって、無免許で柔道を教えて収入を得る人々を処罰することができるようになり、柔道家は生計を立てる手段としての柔道指導に法的裏付けを得ることができた。

組合の設立と一九五五年法の成立は、ＦＦＪＪとＦＦＡＴＫとの議論を活発化させ、両者の統合の機運を急速に高めていった。五六年二月にＦＦＪＪ理事会の提案でＦＦＪＪとＦＦＡＴＫの代表者が集まり、ついに両者の統合に関する合意がなされた。ここにはスポーツ総局と国民教育省の代表者が仲介役として同席した。(50) 四月二十二日にはＦＦＪＪ臨時総会を開き、賛成多数でＦＦＡＴＫとの統合によって新たにフランス柔道・類似種目連盟（Fédération Française de Judo et Disciplines Assimilées）を設立することになった。(51)

指導法に関しては、しばらくの間、川石式と講道館式が共存することになった。一九五五年法による国家資格免許の諸条件を定めた五九年の国民教育省令にも、免許を認可する試験の際に用いる技名称や用語は、受験者ごとに講道館式と川石式を用いる旨が明記されている。(52) こうした川石式と講道館式の共存状態は、ＦＦＪＤＡが連盟独自に新たな指導法を考案する六〇年代半ばまで続くことになる。

ＦＦＪＤＡが成立して二週間後の一九五六年五月三日、東京・蔵前国技館で初めての世界柔道選手権大会が開催された。二十一カ国から三十一人の選手が集まり、会場は一万二千人の観客で埋め尽くされた。フランスからはアンリ・クルティーヌとベルナール・パリゼの二人が代表として参加した。パリゼは準々決勝で日本代表の吉松義彦に敗れ、クルティーヌは準決勝で同じく日本代表の夏井昇吉に敗れた。決勝は吉松と夏井の日本人対決で、判定によって夏井の「世界一」が決まった。また三位決定戦もおこなわれ、準決勝で敗れたクルティーヌと、のちに世界チャンピオンになるアントン・ヘーシンクが争い、ヘーシンクが勝利した(53)。

柔道は名実ともに国際スポーツになり、ＩＪＦを中心にオリンピック正式競技への導入がますます目指されていった。競技としての柔道の、ルールの制定や試合方式の統一が図られた。こうした国際的な議論は、フランス国内の柔道界にも影響を及ぼすようになり、それは新たな分裂を生み出すことになる。

おわりに

ポール・ボネ＝モリと川石酒造之助の二人が中心になり、第二次世界大戦期から柔道は新しいスポーツとしてフランスに登場した。川石が考案した川石式柔道指導法を支柱に普及が進められたものの、講道館柔道の技術を重視するグループから批判を受け、柔道技術をめぐってフランス柔道界は大きく二分された。

他方で、柔道の国際的な展開をフランスは主導していき、柔道はオリンピックスポーツとしての歩みを進めていった。柔道競技の国際化をめぐる動向は、フランス国内の分裂状況にも影響し、川石派と講道館派を統合する新たなフランス柔道連盟（ＦＦＪＤＡ）の設立を促すことになった。

注

（1）Fédération française de judo, jujitsu, kendo et disciplines associées, « L'histoire du judo ». (https://www.ffjudo.com/lhistoire-et-culture-du-judo)［二〇二一年十二月三十一日アクセス］

（2）藪耕太郎『柔術狂時代――20世紀初頭アメリカにおける柔術ブームとその周辺』（朝日選書）、朝日新聞出版、二〇二一年

（3）川石酒造之助（一八九九―一九六九）は、兵庫県飾磨郡手柄村（現・姫路市手柄）出身の柔道家。早稲田大学を卒業後、アメリカ、ブラジル、イギリスを経て一九三五年にパリに移る。なお、川石酒造之助の生涯については、吉田郁子『世界にかけた七色の帯――フランス柔道の父 川石酒造之助伝』（駿河台出版社、二〇〇四年）、白井智子「播磨人物伝・フランスに「ＪＵＤＯ」を広めた川石酒造之助」（姫路市文化国際交流財団「BanCul」第百六―百十八号、姫路市文化国際交流財団、二〇一八―二〇二一年）に詳しい。

(4) « La Le jiu-jitsu à Paris », *Paris-soir,* 15 août 1940, p. 3.
(5) Georges Peeters, « Au Jiu-Jitsu Club de France », *L'Auto,* 28 novembre 1940, p. 1.
(6) Ibid., p. 1.
(7) Robert J. Godet, *Tout le judo: histoire, technique, philosophie, anecdotes,* Amiot-Dumont, 1952, p. 17.
(8) Jean de Herdt, *Jiu-jitsu et Judo,* Editions S.E.I.P., 1945, p. 15.
(9) Haimo Groenen, « Origine et évolution ddu marché de l'enseignement du judo en France », in Claude Sobry (dir.), *Sport et travail,* L'Harmattan, 2010, p. 224.
(10) « Salles d'Etudes Français », in *Judo International,* A.M.I., 1948, pp. 84-123.
(11) Ibid.
(12) Geo Defer, « La gréco-romaine a ses champions », *Tous les sports,* No. 46, 23 mai 1942, p. 1.
(13) Raoul Dutertre, « Jean de Herde demeure la meilleure « Ceinture Noire » de France », *L'Auto,* 10 mai 1944, p. 1.
(14) Michel Droix, « CoNSECRATION DU JUDO », *Tous les sports,* No. 135, 13 mai 1944, p. 1.
(15) Monsieur Bombyx, « Sans y toucher », *Tous les sports,* No. 99, 5 juin 1943, p. 1.
(16) Robert Picard, « MAITRE KAWAISHI RÉPOND A NOS QVESTLONS », *Judo-Presse,* No. 2, du 15 Novembre 1955, p. 1.
(17) Claude Thibault, *Un million de judokas: Histoire du judo français,* Éditions Albin Michel, A. Michel Doullens, 1966, pp. 64-65.
(18) P. Bonet-Maury et J. de Herdt, *Judo et Jiu-Jitsu,* Vigot Frères, 1946, p. 17.

(19) « Règlement Intérieur de la Fédération Française de Judo & Jiu-Jitsu: Art.39 », in *Judo International*, p. 125.
(20) Ibid.
(21) Michel Brousse, *Les racines du judo français: Histoire d'une culture sportive*, Presses Universitaires de Bordeaux, 2005, p. 287.
(22) *Ibid.*, pp. 263-264.
(23) « Règlement Intérieur de la Fédération Française de Judo & Jiu-Jitsu: Art.55 », in *Judo International*, pp. 127-128.
(24) 早川勝「欧米漫遊記」「柔道」一九五一年十一月号、講道館、一九ページ
(25) « La révolution des grades », *L'esprit du judo*, No. 71, décembre-janvier 2018, p. 37.
(26) « Salles d'Etudes Français », pp. 85-122.
(27) « Club de France », in *Judo International*, A.M.I., 1950, pp. 229-287.
(28) ジャン・ボージャン「帰国に際して」「柔道」一九五一年八月号、講道館、八―九ページ
(29) « ACTVALITÉ FÉDÉRALE », *Judo*, No. 20, Décembre 1951, p. 32.
(30) « LES ACTIVITES DU COLLEGE », *Judo*, No. 21, janvier-févier 1952, pp. 18-19.
(31) 前掲「欧米漫遊記」一九ページ
(32) 同記事二〇ページ
(33) 粟津正蔵（一九二三―二〇一六）は京都市出身の柔道家で、明治神宮大会柔道競技や全日本柔道選手権などで活躍した。一九五〇年の渡仏後は川石酒造之助の助手に加えて、フランス・ラシンクラブ(Racing Club de France)やフランスナショナルチームの指導を務めた。

（34）道上伯（一九一二―二〇〇二）は、愛媛県八幡浜出身の柔道家。武道専門学校を卒業。一九五三年の渡仏後はフランスだけでなく、ヨーロッパやアフリカなど数多くの地域で柔道指導をおこなった。六四年の東京オリンピック・柔道無差別級金メダリストであるオランダのアントン・ヘーシンクを育てたことでも有名である。
（35）"Courrier adressé par Robert Lasserre à la FFJJJ, Juin 1950," Michel Brousse et Jean-Paul Clément, « Le Judo en France, Implantation et evolution de la méthode japonaise », in Thierry Terret (dir.), *Histoire des Sports*, L'Harmattan, 1996, p. 153.
（36）« Clubs de France », in *Judo International*, 1950, p. 279.
（37）安部一郎「欧州柔道界行脚」「柔道」一九五六年七月号、講道館、四四ページ
（38）Jean Pujol and Ichiro Abé, *Le Judo du Kodokan*, Lyon, 1953.
（39）« Lucien LEVANNIER », Claude Thibault, *Entretiens avec les pionniers du judo français*, Résidence, 2000, p. 145.
（40）« L'ACTUALITE FEDERALE », *Judo*, No. 27, octobre-novembre 1952, p. 12.
（41）佐藤吉右衛門「フランスの柔道その他」「柔道」一九五七年四月号、講道館、三六ページ
（42）« PROGRAMME D'ACTIVITÉ DE L'V.F.F.A.J.K. », *Judo-Press*, No. 1, du 15 Septembre 1955, p. 4.
（43）« L'UNITÉ DU JUDO FRANÇAIS EST RECONSTITUÉE », *Judo*, No. 55, Mai 1956, pp. 4-6.
（44）当初のヨーロッパ選手権の個人戦は、段位別に実施されていた。
（45）« M. Costelli quitte le secrétariat de la F.I.J. », *Judo*, No. 21, janvier-février 1952, p. 17.
（46）田代重徳「世界柔道の現状」「柔道」一九五二年十二月号、講道館、六一ページ、Paul Bonét-Maury et Henri Courtine, *Le Judo*, Presses Universitaires de France, 1971, p. 118.

（47）当時の日本体育協会会長だった東龍太郎が、ポール・ボネ＝モリの来日時に歓迎晩餐会を開催している。ここでボネ＝モリは、東をはじめとする主要スポーツ団体の関係者と歓談したという。また、ボネ＝モリは日本の外務省や文部省にも訪れている（田代重徳「ボネモリ博士を迎へて」「柔道」一九五三年七月号、講道館、二〇―二五ページ）。

（48）Jean Gailhat, « Un Accident Déplorable », *Judo*, No. 41, 1954, p. 1.

（49）Brousse, *op. cit.*, p. 288.

（50）« L'UNITÉ DU JUDO FRANÇAIS EST RECONSTITUÉE », *Judo*, No. 55, Mai 1956, p. 5.

（51）その後、一九六五年には「類似種目（disciplines assimilées）」から「関連種目（Disciplines Associées）」へと変更された。

（52）« Conditions d'attribution du diplôme de professeur de judo, jiu-jitsu et méthode de combat assimiliées », *Journal Officiel de la Republique Française*, 28 Avil 1959, p. 4609.

（53）Thibault, *Un million de judokas*, pp. 147-149.

第6章　フランス式柔道の統一

星野 映

はじめに

一九六〇年代、柔道競技の国際的な競争は激化していく。フランスでは政府のスポーツ強化策と相まって、柔道でも競技重視の傾向が顕在化していった。こうしたなかで迎えた六四年の東京オリンピック大会の結果は、フランス柔道連盟（ＦＦＪＤＡ）主導でフランス式の柔道を作り出す後押しになった。本章では、世界選手権開催を経て柔道の競技志向が加速する五〇年代から六〇年代までのフランス柔道界の展開を追っていく。

1　新たな分裂とオリンピック

昇段試験をめぐる分裂

世界大会が開催され、国際柔道連盟（ＩＪＦ）の活動によって柔道がますますオリンピック・スポーツへの歩みを進めていくなか、新たに成立したＦＦＪＤＡは競技重視に向かうようになっていった。ＦＦＪＤＡの競技重視の傾向が顕著に現れたのが、昇段試験だった。それまでのフランス柔道柔術連盟（ＦＦＪＪＪ）の時代には、川石酒造之助に審査が委ねられていた時代を経て、有段者会に昇段審査の権限が与えられていた。ところが、新たに成立したＦＦＪＤＡは昇段に関する規約を改訂し、段位はＦＦＪＤＡによってだけ与えられることを決定した。昇段試験で「形」はおろそかにされ、「試合」が重視されるようになった(1)。

世界選手権大会が開催されるなど、国際的に柔道の競技的側面がますます強調されるようになっていくなかで、有段者会はＦＦＪＤＡにとって、もはや有段者同士の親睦団体でしかなかった。競技を統括する連盟に対して、有段者会の中心メンバーは、ほかのスポーツとは異なった柔道独自の制度である「段位」を重要視し、柔道の伝統と価値を保護することが自分たちの役目であると自覚していた。それが、昇段審査権という有段者会の特権を奪い、競技偏向を加速させるようなＦＪＤＡの決定を有段者会が受け入れるはずはなかった。

一九五七年一月に有段者会会長のジャン＝リュシアン・ジャザランは「連盟理事会が有段者会に宣戦布告」(2)とFFJDAを強く非難した。有段者会としてはこれまでどおりの活動を継続して、五七年六月三十日にクーベルタン・スタジアムで昇段試験を強行することを決定した。(3)

これを受けてFFJDAは、有段者会の昇段試験開催の中心となった十八人に対して、一九五七年七月一日から六カ月間の連盟資格停止処分を下した。十八人のなかにはジャザランのほかに、ギー・コーキルやジャン＝マクシム・シャリエ、ジャック・ラグレーヌといったフランス柔道の「第一世代」の名前があった。(4)

有段者会は、指導者の身分を守るべく、フランス柔道指導者組合を創設した。(5) 一九六〇年五月には、有段者会のメンバーを中心にFFJDAの方向性に反対する柔道家で全国競技柔道連盟(Fédération Nationale de Judo Sportf：以下、FNJSと略記)が設立された。有段者会は昇段審査を引き続きおこない、FNJSが大会開催など競技に関する活動を担ってFFJDAに対抗したのである。(6) 最終的にFNJSの傘下に十四の地域リーグが組織されるに至った。(7)

他方のFFJDAは、有段者間の「連帯と、伝統的な友好を保持し、必要な相互扶助を保証することを目的として」フランス有段者連合(Union Fédérale des Ceintures Noires de France：以下、UFCNFと略記)をつくり、有段者にUFCNFへ加入するよう促した。(8) また、有段者会とは異なり、UFCNFへの加入に際して会費はかからないことも伝えた。(9)

こうしたフランス柔道界の分裂状態は、当時議論になっていた別の対立軸を伴って複雑化していった。FFJDAと有段者会の和解が実現するのは一九七〇年代に入ってからのことである。

体重別をめぐる対立

フランス柔道の競技重視の傾向をめぐるもう一つの論点は、体重別試合の問題だった。オリンピックをめぐってIJFでは、設立直後から体重別試合の導入を議論していた。一九五二年にスイスのチューリッヒでおこなわれた国際柔道連盟第二回総会の際には、スイスやデンマーク、ドイツ、イタリアなどの国が体重別階級制の導入を求めた。ここでは三つの階級（軽量級：六十八キロ以下、中量級：六十八キロ超八十キロ以下、重量級：八十キロ超）が提案された。ここで正式には認められなかったが、パリでおこなわれるヨーロッパ選手権の際には公式試合のほかに試験的に体重別の試合もおこなうことになった(10)。

だが、大方のフランス人柔道家にとって、体重別試合などは考えられなかった。FFJJ会長だったポール・ボネ＝モリも、一九五三年五月に日本を訪問した際、「柔道が他のスポーツと異なる特異の面を有する点を強調」して体重制に反対する旨を伝えていた。ボネ＝モリによれば「柔道は、ボクシングやレスリングなどと同一には論じられない深遠な哲理を含むスポーツであって」、体重別を採用すれば、「他のスポーツと何等異なることなき平凡なものになって、其の特色を発揮出来ない(11)」ということだった。

ところが一部のフランス人柔道家、とりわけ体育教師の柔道家たちが、体重別の導入を求めるようになる。一九五三年三月号のFFJJ機関誌には、体重別の導入を求めるアラン・ヴァランの論考が掲載されている。ヴァランは一九四二年に体育スポーツ高等師範学校で柔道を始め、その後は同校で教授を務めた柔道家である。ヴァランは「必ずしも熱心に体重別の奨励をしなければならないということではない」としながらも、「連盟が何をしようと、スポーツ規則のほうへ柔道が発展していくことは避けられない[12]」と考えていた。柔道がスポーツとして競技的な側面を発展させていくことは不可避であり、それならばフランス柔道もそれに対応していかなければならないとヴァランは考えた。

ヴァランらは、まず初めに大学カテゴリーの大会に体重別を導入することを考えた。これに対してＦＦＪＪは不快感を示している。「（ＦＦＪＪ）理事会ではヴァラン、クレマン、ブーラらの名で学校スポーツ当局の機関紙に掲載された記事について読み上げられた。そこでは、執拗に、言い訳がましく、しばしば疑わしい言葉で、体重別制度の導入が要求されていた[13]」。ここに名前が挙がっているブーラは、体育師範学校の教員で格闘技やウエイトリフティングなどを教授していたロベル・ブーラのことだが、彼はもともとレスリングなどいくつかの格闘スポーツを経験してから柔道を始めていた[14]。

一九五六年に有段者会は有段者に対して体重別に関するアンケート調査をおこなっていた。回答した五百三十五人の柔道家のうち、四百五十八人（八五パーセント）は体重別に反対していた。重量級の柔道家ほど体重別反対の割合が高かったが、軽量級の柔道家でも七九パーセントは体重別に反対していた。また、当時フランス人としては最高位だった四段の柔道家は十一人全員が反対を表明していた。当時唯一の五段保持者だったジャン・ド・エルトゥも体重別に反対していたし、ボネ＝モリやジャン・ピマンテルといった歴代の連盟会長、有段者会の名誉会長であるジャン＝リュシアン・ジャザランといったフランス柔道界の「第一世代」に加え、アンリ・クルティーヌやベルナール・パリゼといった競技の第一線で活躍する選手たちも軒並み反対だった。さらには、川石酒造之助もこの件に関して、「体重別という制度はフランス柔道にひどいダメージをもたらすだろう」[15]と明確に反対の態度を示した。このように五〇年代半ばのフランス柔道界は、大部分が体重別制の導入に反対していたのである。

だが、こうしたフランス柔道界の体重別階級制に関する意見は少しずつ変化していくことになる。一九五九年の機関誌二月号では、「体重別に関する問題」をテーマにした特集を組んでいて、何人かの柔道家がそれぞれの意見を示している。ボネ＝モリは、ＩＪＦ会長の嘉納履正やヨーロッパ柔道連盟（ＥＪＵ）会長から受け取った書簡を参照し、現時点では体重別の導入に反対であることを示しながらも、体重別試合に関する科学的調査などを実施して、その結果次第では近い将来、導入するかもしれないということをほのめかしている。[16]

ローヌ柔道クラブのベルナール・ミドンは別の立場をとり、「私は体重別に賛成である」という論考を寄せた。「もし彼らが六十キロしかなかったら、アントン・ヘーシンクやクルティーヌやパリゼは同じ結果を得られただろうか。もちろんそんなことはないだろう」として、スポーツとしての公平性、平等性を担保するために体重別に分ける必要があることを強調した。[17]

一九五九年四月十二日におこなわれたＦＦＪＤＡ総会では、ジュニアカテゴリーと大学カテゴリーでは三階級で試合をおこなうことが決定されたものの、フランス選手権大会の体重別導入に関しては反対が多数だった。[18]

だが、その一年半後、一九六〇年十一月二十日にＦＦＪＤＡ理事会は体重別を正式に認めることになった。このＦＦＪＤＡの方針転換については、フランスの国内外それぞれに要因があった。

フランス国内では、体重別を主張する柔道家たちが、スポーツ行政を担当する青少年スポーツ総局の支持を獲得し始めていた。青少年スポーツ総局は、かねてから柔道界内部の増幅する分裂に頭を悩ませていたのだが、有段者会と一九六〇年五月にできたばかりのＦＮＪＳはこの点に注目し、自分たちの柔道の理想とは離れたとしても体重別を導入して、行政当局の公認を得ようとした。すなわち、ＦＮＪＳは、ＦＦＪＤＡに代わってフランス国内で柔道を統括し、フランス代表選手を決定するためのフランス選手権を開催する権限を得ようとしたのである。

だが、ＦＦＪＤＡのほうが対応は迅速だった。大部分が反対していたはずの体重別導入を総会で決定したのである。[19]とはいえ、ＦＮＪＳの存在がなくともＦＦＪＤＡにとって体重別階級制の導入は避けられなかっただろう。それは、ＩＪＦが体重別の導入に向かっていたためである。

一九五九年五月の国際オリンピック委員会（ＩＯＣ）総会では六四年オリンピックの東京開催が決定しており、ＩＪＦは柔道を六四年大会の競技種目に加えるための活動を加速させていた。そして、六〇年のＩＯＣローマ総会で、六四年東京大会の競技に柔道が正式に採用され、[20]ＩＪＦでは体重別の採用を議論していたのである。

一九六一年三月、初のフランス体重別選手権がおこなわれた。それまでにも大学やジュニアカテゴリーでの実施はあったものの、シニアの大会では初めての導入で、それまでにおこなわれていた段位別の試合はおこなわれなくなった。[21]

世界選手権パリ大会とオリンピック東京大会

一九五八年十一月三十日、第二回世界選手権大会が東京体育館で開かれた。十八カ国から三十九選手が参加し、フランスからは前回と同じクルティーヌとパリゼに加えてロベール・ダッツィが出場した。ダッツィは二回戦で敗れ、クルティーヌは準々決勝まで勝ち上がったが、日本の神永昭夫に敗退した。残るパリゼは日本人以外で唯一準決勝に残る快挙を果たしたが、日本の曾根康治に敗れて三位決定戦に回り、そこで日本の山舗公義に優勢負けを喫し、またしてもメダル獲得はならなかった。(22)

フランス代表選手は、世界大会だけでなく、ヨーロッパ選手権でも苦戦するようになっていた。一九五〇年代前半まではヨーロッパ柔道界ではフランスがヨーロッパ選手権の第一回大会である五一年大会から五五年大会までの五度の大会のうち、団体戦で四度の優勝、段位別でおこなわれていた個人戦でも最多の優勝者を出していた。(23)ところが、五六年の世界選手権を経て各国が強化を進めるなか、フランスの地位は相対的に下がっていった。五〇年代後半以降のヨーロッパ選手権ではフランス代表の優勝者の数が減っていき、団体戦では五七年から六四年まで八度の団体戦で優勝したのは一度だけである。(24)

二度の東京開催に続き、三回目の世界選手権大会はフランス・パリで一九六一年十二月に開催されることになった。フランス代表はイヴ・レイモン、ミシェル・ブルゴワン、リオネル・グロッサンの三人で、フランス初のメダル獲得が期待された。過去最大の二十五カ国から五十七人の選手が参加し、クーベルタン・スタジアムには多くの観客が駆けつけた(25)。

ところが、期待に反してフランス代表の三選手はまったく活躍することができなかった。三人ともベスト8にさえ残ることができなかったのである。大会の主役はオランダのヘーシンクだった。ボルドーを中心としたフランス南西部や有段者会で指導をおこなっていた道上伯は、フランス以外にもヨーロッパ各地で指導をおこなうようになっていた。その道上によって発掘され、長年にわたって指導を受けていたのがヘーシンクだった。道上の熱心な指導を受けて、ヘーシンクは技術の向上だけでなく、近代的なトレーニングによるずば抜けた身体能力を獲得していった。

トーナメントの準決勝で古賀武を、決勝では前回優勝の曾根康治を破ったヘーシンクは、日本人以外で初の世界選手権覇者になった。一九六四年の東京オリンピック無差別級決勝でヘーシンクが神永昭夫に一本勝ちして金メダルを獲得したことが、一般に「日本柔道の敗北」として、あるいは「世界のＪＵＤＯになった瞬間」として象徴的に語られることが多いが、すでにその三年前の六一年に、ヘーシンクは世界チャンピオンになっていたのである。

世界選手権終了後にはＩＪＦ総会が開催され、そこでオリンピック東京大会の柔道競技規則が協議された。その結果、柔道競技は軽量級、中量級、重量級の三階級と無差別級で実施されることが決定した。一九六四年の東京オリンピックが世界大会で初めての体重別試合の舞台になるのである。

一九六一年のパリ世界選手権というホームゲームで結果を残せなかったフランス代表は、六四年オリンピック東京大会での活躍を目指した。

一九六〇年代は、柔道だけでなくフランススポーツ界全体がオリンピックでの活躍に向けて大きく舵を切っていた。六〇年のオリンピック・ローマ大会は、フランスのオリンピック代表チームが歴史的惨敗を喫した「ローマの屈辱」として知られている。メダル獲得は全体で銀メダル三個、銅メダル二個の計五個に終わり、国別の順位では二十五位と、前回のメルボルン大会での十一位（メダル十四個）から大きく順位を下げていた。

一方で、一九五二年のヘルシンキ大会以降参加するようになったソビエト連邦が、国際スポーツ界での存在感を強めていた。ソ連は五六年のメルボルン大会に引き続き、六〇年ローマ大会でも国別メダル獲得順位でアメリカ合衆国を抜いて首位についた。第二次世界大戦後のオリンピックは東西冷戦で対立する大国が力を示すための象徴的な舞台になり、国家がスポーツの強化のために積極的に介入していく時代は始まっていた。それまでのようにそれぞれの国内競技連盟が即席でつくったチームや、そのとき国内で競技力が最も高い選手をそのつど選んで出場させるだけでは、オリンピックの舞台で結果を残すことができなくなっていたのである。こうした潮流に乗り遅れていたフランスは、「ローマの屈辱」を機に、競技力向上に政策のうえで力を入れるようになる。

そもそも一九五八年の第五共和政の成立以降、スポーツ政策に関しても政府は各種競技連盟へのコントロールを強める方向に舵を切っていた。より多くの人々、とりわけ若年層のスポーツ実践の拡大を目指しながら、国際競技力の向上のために代表選手への援助も増大させた[26]。

こうしたなか、一九六〇年八月のＩＯＣローマ総会で、柔道は六四年オリンピック東京大会の正式競技として、認められることになった。それによって、六一年からＦＦＪＤＡもオリンピック関係の予算を政府から配分されることになり、国際競技力の向上を目指して改革を進めていく必要に迫られた。

パリ世界選手権終了後の一九六一年十二月、ＦＦＪＤＡ総会でクロード・コラールが会長に選出された。パリのグランゼコール、エコール・サントラル出身のエリートエンジニアだったコラールは、柔道の実力も申し分なく、大学選手権やフランス選手権での優勝経験もあった。[27]

オリンピック競技導入の決定やパリでの世界選手権の開催を経て、「柔道はメジャーな国際的スポーツの地位にのし上がった」ことで、「行政当局や一般大衆は、これから私たちの活躍や努力に敏感になる」とコラールは考えた。だがコラールは、オリンピックレベルの大会で首位を目指すためには、各クラブや指導者に選手強化を任せるだけでは環境として不十分だと指摘し、連盟を中心として本格的に強化に取り組んでいくことを明言した。[28]

ＦＦＪＤＡ理事会は一九六二年一月にロベル・ブーラをオリンピック準備担当に任命した。ブーラは、フランス柔道界で早い段階から体重別階級制の導入を主張し、競技スポーツとしての柔道という方向性を支持した人物である。こうして六二年からフランス柔道界はオリンピック体制を整え、政府の援助を受けるようになった。軽量級、中量級、重量級それぞれの有力な選手が国立体育スポーツ研究所に集められてトレーニングを積むようになり、ヨーロッパ各国チームとの対外試合などもおこなっていった。[29] 六〇―六一年シーズンにフランス代表チームがおこなった国際試合はわずか四回だったが、六二―六三年シーズンには十四回と急増している。[30]

川石酒造之助が指導の現場から退いた後、代表選手を中心的に指導していたのは粟津正蔵だったが、オリンピックが近づくと、ほかにも新たに日本から若い柔道家をコーチとして招聘することになり、ＦＦＪＤＡはその予算を青少年・スポーツ高等評議会（Le haut-commissariat à la Jeunesse et aux Sport：ＨＣＪＳ）から得ることになった[31]。

一九六一年に来仏し粟津のもとで代表チームの指導をしていた富賀見真典に続いて、六三年には明治大学卒の大国仲夫と早稲田大学卒の安本總一という学生柔道で活躍した二人の柔道家が招聘された。さらに六四年二月には天理大学卒の伊藤武範も加わった。この頃四十歳になっていた粟津は、長年にわたって酷使した膝の故障によって立ち技の乱取りができなくなっていたのだが、代わりに若き日本人柔道家たちがフランス代表選手の稽古台になったのである[32]。

ほかにギー・ペルティエやパリゼ、クルティーヌといった国際大会で活躍したフランス人柔道家もコーチとして指導に就き、東京オリンピックへ向けた厳しいトレーニングを積んでいった。

こうして迎えたオリンピック東京大会にフランスからは四人の代表選手を送った。全四階級のうち各国四人までの出場が可能になっていたため、メダルを獲得できる可能性を考慮して、軽量級にはアンドレ・ブーローとガストン・レステュルジョン、中量級にはリオネル・グロッサンとジャック・ルベールを送り、重量級と無差別級には選手を派遣しなかった。重量級の選手は若手選手の故障などで候補となる選手が出てこなかったのである。

期待を背負い、コーチ陣から絶大な評価も受けていた四人だったが、結果的に四人全員が早々に完敗してしまった。金メダル三個、銀メダル一個の計四個のメダルを獲得した日本に次いで好成績を残したのは、ヘーシンクがオランダにもたらした金メダル一個を除けば、四個の銅メダルを獲得したソ連だった。

一九五〇年代まではヨーロッパで柔道強国として君臨していたフランスだったが、柔道がオリンピック競技として採用され世界各国が強化を進めるなか、あらためて強化方針を見直さざるをえなくなっていた。

2　フランス柔道の改革

フランス式柔道指導上達法

一九六五年十月にブラジル・リオデジャネイロで開催された世界選手権は、前年の東京オリンピックと同じ四階級が実施され、六一年の前回大会を大きく上回る四十四カ国からの参加があった。フランスからは五人が出場したが、またしてもメダルを獲得することができなかった。(33)同大会では、四階級のうち三階級で優勝するなど七つのメダルを獲得した日本に次いで、ソ連が三つのメダルを獲得した。いずれももともとサンボで活躍していた選手によるものである。

柔道の国際化が加速するなかで、オリンピックや世界選手権大会で代表選手の不振が続くフランスでは、強化策や柔道指導方法の見直しを図っていくことになる。

政府も「ローマの屈辱」以降、スポーツ競技力の向上、とりわけオリンピック準備対策に力を入れていた。一九六六年、政府は国家専門技術指導指導員の制度をつくる。これは高度なスポーツ技術を有すると認められる者が、各種スポーツ競技連盟の指名とスポーツ担当大臣の承認によって、ナショナルチームの強化や全国的な研修をおこなう公務員として採用される制度である。[34]

柔道の専門技術指導部長には、日本の講道館での修行経験があり、一九五六年世界選手権にフランス代表として出場したクルティーヌが選ばれた。クルティーヌにとって、フランス代表を強化するうえで何よりもまず必要だったのは、統一的な柔道指導法を考案することだった。[35] つまり、かつてフランス柔道界を二分した川石式と講道館式が五六年のＦＦＪＤＡ成立以降も共存している状態を解消し、ＦＦＪＤＡ独自の新たな指導法を考案することが、フランス柔道の競技力向上にとって必要だと考えたのである。

国際的な柔道競技におけるフランスの相対的な後退を受けて、ＦＦＪＤＡは統一された新たな柔道指導法の考案を模索し始める。真っ先に必要だと考えられたのが、基礎的な技術をもう一度見直すことだった。会長のコラールによると、「指導者は基礎の柔道を学ばせる多くの時間をしばしば失い、この時間は試合のためのトレーニングに費やされ」てしまっていた。そしてそれは、一部の代表選手だけに当てはまるのではなく、フランス柔道界全体の問題だった。[36]

前章で述べているように、コラールは一九六二年初頭の会長就任直後から、連盟を中心に選手強化の環境づくりをしていくべきだと主張していた。そのためにはトップ選手の強化だけでなく、柔道人口の拡大を続けることが重要だった。裾野を広げることでフランス柔道の土台を強固なものにし、競技的に優秀な選手は、そうした力強い土台があってはじめて生まれてくると考えたのである。[37]

このような「大衆化を通じてチャンピオンになりうる選手を発掘・育成する」という考え方は「クーベルタン・ピラミッド」と呼ばれ、モーリス・エルゾーグが奨励し、フランスのスポーツ界で広く認められた概念であった。そして、その大衆化の対象は、より若年層に向けられていた。エルゾーグは競技スポーツが青少年の道徳的な教育や人格形成に寄与すると考えていたが、ＦＦＪＤＡの方針もこうしたスポーツ政策の方向性に沿うように展開された[38]。こうしてフランス柔道は「高度化」と「大衆化」を同時に推し進めることになっていく。

とはいえ、一九六四年のオリンピック東京大会までは、コラールも含めて「オリンピック主義」に傾斜していた。ＦＦＪＤＡの改革が本格的に始動するのはオリンピックや世界大会での敗退を待たなければならない。

競技偏重の傾向に対して、柔道の競技スポーツ以外の側面を取り戻すべきだという声も、最初期の柔道家たちから上がっていた。ＦＦＪＤＡ名誉会長のジャン・ピマンテルは、「柔道の競技的側面が、特にオリンピックの強化の点で重要であるとしても、さまざまな理由から、柔道を成功に導いてきたほかのあらゆる側面（技術や段級位など）を保持することが不可欠である」とＦＦＪＤＡに注意を呼びかけた。ボネ＝モリも「まずは優れた技術専門家がいなければならず、競技的に養成されるのはその後である」として、基礎的な技術を習得する重要性を主張していた[39]。

川石式の時代から、幅広い技術の習得とそれに応じて段級位が与えられるという仕組みはフランス柔道の大きな特徴であり、柔道家たちのアイデンティティの源泉でもあった。技術指導をめぐる統一的な方法を制定することは、競技的側面を強調する人々にとっても、競技以外の側面を重視する人々にとっても、必要なことだと見なされた。

一九六五年に各地域リーグから二十五人の指導者が集められ、新たな柔道指導要領の考案に向けて委員会が立ち上がった。[40]この委員会では、柔道の基礎的な技術を、フランス全体で統一的な方法で指導できるプログラムを設定することが目指された。当時、指導の現場では川石式の指導者もいれば講道館式の指導者もいて、そのことが混乱を生み出していた。ＦＦＪＤＡとしては、どちらの指導法を排除するわけでもなく、それらの特徴を組み合わせながら新たな「フランス式」をつくり出すことが目指された。

こうして一九六七年にフランス式柔道指導上達法（Progression française d'enseignement du judo：以下、上達法と略記）が発表された。これは、黒帯（初段）に至るまでの修行段階を、白帯（六級）から茶帯（一級）六つに分けてそれぞれの級ごとに技術プログラムを定めたものであり（図1）、昇級のために必要な修行期間、レッスン回数が示された。

例えば、六級すなわち白帯の柔道家に対しては、受け身や姿勢、組み方などの基本動作に加えて、一本背負い投げや出足払いなど六種類の投げ技と、袈裟固めや上四方固めなど五種類の固め技が割り当てられた。[41]そして、五級の黄色帯を取得するためには最低二カ月の修行期間と十六回のレッスンに参加することが求められた。次の四級に昇級するためには三カ月・二十五レッスン、三級には六カ月・四十八レッスン……などと、級が上がるごとに必要な修行期間とレッスン回数の幅が広がっていき、一級から初段への昇段にあたっては「投の形」と「試合」で審査されることになった。[42]

川石式の特徴だった色帯の制度を中心にプログラムを構成しながらも、技を番号で呼称することはせず日本語で表現し、フランス語訳を併記するようにした。例えば、一本背負い投げは Ippon-seoi-nage（Projection par une épaule）と表記される[43]（図2）。

図1　上達法の教本。帯の色を表すカラフルな表紙になっている
（出典：Pariset, Bernard, *Judo: Progression officiele française*, Judo International, 1969.）

また、上達法考案にあたっては、柔道の基礎的な技術を習得するというスポーツの側面とともに、柔道の技術を学ぶことによる身体的な教育効果も重視された。動作の難易度などを考慮して川石式とは異なる順序で技を学んでいくよう定められたのだが、これは一九五五年法や、スポーツ参加での安全性を高め、スポーツが実施される現場の責任を重視した六三年の体育・スポーツの指導者職に関する法律に対応して、事故のリスクを減らすこともねらっていた(44)。

このようにＦＦＪＤＡによって新たに定められた柔道指導法は、分裂していた柔道法を統一しながら、段階的に基礎的技術を指導して将来的な競技力の向上につなげると同時に、柔道の体育的な側面も期待できるものになった。この変更には若年層への普及につなげるという意図があったとはいえ、あくまでも柔道の基礎技術を向上させ、フランス柔道の将来的な競技力を高めることにつなげるという意図のほうが大きかった。体育という側面は副次的なものにすぎず、また、特段子どもに向けて考案されたわけでもなく、「子どもの教育としての柔道」が目指されるのはさらに後のことである。

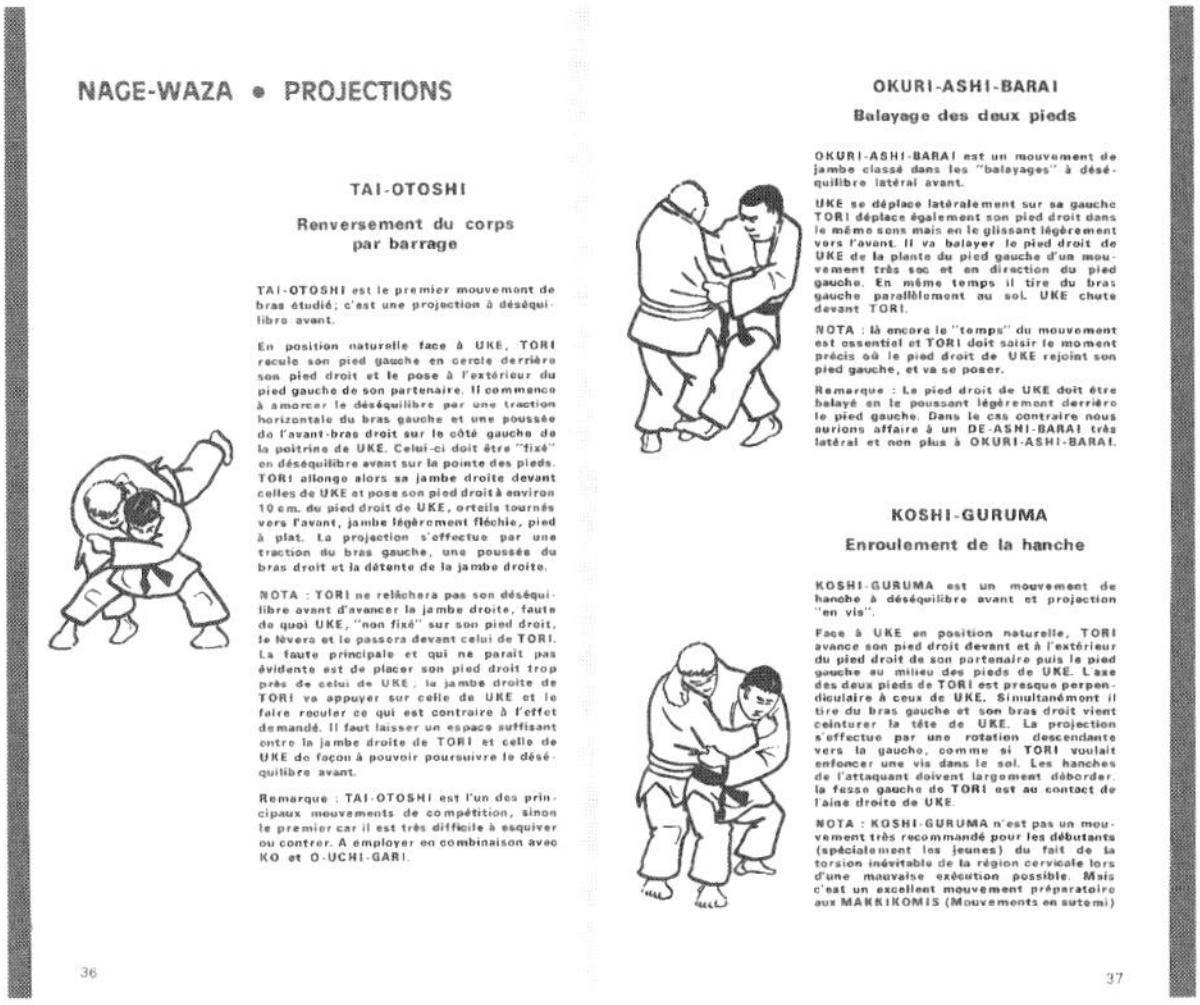

NAGE-WAZA • PROJECTIONS

TAI-OTOSHI

Renversement du corps
par barrage

TAI-OTOSHI est le premier mouvement de bras étudié; c'est une projection à déséquilibre avant.

En position naturelle face à UKE, TORI recule son pied gauche en cercle derrière son pied droit et le pose à l'extérieur du pied gauche de son partenaire. Il commence à amorcer le déséquilibre par une traction horizontale du bras gauche et une poussée de l'avant-bras droit sur le côté gauche de la poitrine de UKE. Celui-ci doit être "fixé" en déséquilibre avant sur la pointe des pieds. TORI allonge alors sa jambe droite devant celles de UKE et pose son pied droit à environ 10 cm. du pied droit de UKE, orteils tournés vers l'avant, jambe légèrement fléchie, pied à plat. La projection s'effectue par une traction du bras gauche, une poussée du bras droit et la détente de la jambe droite.

NOTA : TORI ne relâchera pas son déséquilibre avant d'avancer la jambe droite, faute de quoi UKE, "non fixé" sur son pied droit, le lèvera et le passera devant celui de TORI. La faute principale et qui ne parait pas évidente est de placer son pied droit trop près de celui de UKE ; la jambe droite de TORI va appuyer sur celle de UKE et le faire reculer ce qui est contraire à l'effet demandé. Il faut laisser un espace suffisant entre la jambe droite de TORI et celle de UKE de façon à pouvoir poursuivre le déséquilibre avant.

Remarque : TAI-OTOSHI est l'un des principaux mouvements de compétition, sinon le premier car il est très difficile à esquiver ou contrer. A employer en combinaison avec KO et O-UCHI-GARI.

36

OKURI-ASHI-BARAI

Balayage des deux pieds

OKURI-ASHI-BARAI est un mouvement de jambe classé dans les "balayages" à déséquilibre latéral avant.

UKE se déplace latéralement sur sa gauche TORI déplace également son pied droit dans le même sens mais en le glissant légèrement vers l'avant. Il va balayer le pied droit de UKE de la plante du pied gauche d'un mouvement très sec et en direction du pied gauche. En même temps il tire du bras gauche parallèlement au sol. UKE chute devant TORI.

NOTA : là encore le "temps" du mouvement est essentiel et TORI doit saisir le moment précis où le pied droit de UKE rejoint son pied gauche, et va se poser.

Remarque : Le pied droit de UKE doit être balayé en le poussant légèrement derrière le pied gauche. Dans le cas contraire nous aurions affaire à un DE-ASHI-BARAI très latéral et non plus à OKURI-ASHI-BARAI.

KOSHI-GURUMA

Enroulement de la hanche

KOSHI-GURUMA est un mouvement de hanche à déséquilibre avant et projection "en vis".

Face à UKE en position naturelle, TORI avance son pied droit devant et à l'extérieur du pied droit de son partenaire puis le pied gauche au milieu des pieds de UKE. L'axe des deux pieds de TORI est presque perpendiculaire à ceux de UKE. Simultanément il tire du bras gauche et son bras droit vient ceinturer la tête de UKE. La projection s'effectue par une rotation descendante vers la gauche, comme si TORI voulait enfoncer une vis dans le sol. Les hanches de l'attaquant doivent largement déborder. la fesse gauche de TORI est au contact de l'aine droite de UKE.

NOTA : KOSHI-GURUMA n'est pas un mouvement très recommandé pour les débutants (spécialement les jeunes) du fait de la torsion inévitable de la région cervicale lors d'une mauvaise exécution possible. Mais c'est un excellent mouvement préparatoire aux MAKKIKOMIS (Mouvements en sutemi)

37

図2　上達法では日本語（アルファベット）とフランス語で技名称が併記された
（出典：Émile Couzinié, *Judo Moderne: Progression Française,* Judogi, 1969.）

柔道界の再統合

ＦＦＪＤＡ独自の柔道指導法が考案され、長年にわたって議論されてきた川石式と講道館式の技術指導上の分裂は解消された。残る課題はＦＦＪＤＡと、有段者会およびＦＮＪＳとの対立である。

ＦＮＪＳは、一九六五年十一月に全国伝統柔道連盟（Fédération nationale de judo traditionnel：以下、ＦＮＪＴと略記）に改称していた。ＦＮＪＴは組織を整え、傘下に十四の地域リーグを置いた。またＦＦＪＤ

Ａが体重別を導入したいまとなっては、それに対抗する組織としてＦＮＪＴは体重別試合を実施しなかった。

だが、ＦＮＪＴからみて競技志向に傾いていたＦＦＪＤＡも、柔道界の裾野を広げ、基本的な技術を重視する新たな指導法を考案しながら、「原点回帰」の傾向を示し始めていた。ＦＦＪＤＡの昇段審査での「形」の試験も復活していた。[45]

こうしたＦＦＪＤＡによる一連の改革もあって、ＦＦＪＤＡと有段者会（およびＦＮＪＴ）の再統合に向けた機運が高まっていった。最初に「第一世代」の柔道家たちが動き始め、一九六六年にボネ＝モリ、ジャン・ゲラー、ジャザラン、ポール・ド・ロッカ＝セラ、シャリエらが会食をし、統合に向けて次期ＦＦＪＤＡ会長にジョルジュ・ファイファーを支援することが決まった。[46]

ファイファーが選出されると、さっそく再統合に向けた協議が始まり、政府の代表として青少年スポーツ余暇総局のジョセフ・コミティが、柔道界の統合を監督することになった。規約や会計など、統合するうえで必要なさまざまな問題を議論し、それぞれの組織で多くの会議をおこなった末、一九七一年六月三十日にＦＦＪＤＡと有段者会およびＦＮＪＴの統合が正式に合意された。[47]

ＦＮＪＴに加盟していたクラブや柔道家は、これ以降ＦＦＪＤＡに加盟することが決められた。また、段位に関しては、青少年スポーツ余暇大臣からの「柔道の全国段級位委員会設立に関する一九七一年六月三十日のアレテ」によって、段位を審議する委員会を新たに設けて、ＦＦＪＤＡと有段者会から七人ずつ計十四人の委員で構成することが定められた。また、長年フランスで柔道指導に努めてきた粟津正蔵と道上伯に関しては、十四人とは別枠で委員会メンバーになることが決められた[48]。三年間の移行期間を設け、ＦＦＪＤＡの有段者は七四年八月三十一日までに有段者会に加盟することになった[49]。

段位の委員会設立に関するアレテと同時に、柔道指導者の国家免状（ブルベデタ〔Brevet d'Etat〕）を新たに創設することを定めるアレテも発出された。これによって柔道指導者は、「柔道教師」「柔道インストラクター」「柔道指導員」の三つのレベルに分けられて免状が交付されることになった[50]。一九五五年法で定められた従来の指導者免許は、現場の指導の安全管理を強調していたのに対し、新たに定められた免状の審査項目は、柔道技術の実演など実技能力をより重視するものに変わった[51]。このことは柔道の基礎的な技術の向上を図っていたＦＦＪＤＡの方針と連動しているといえるだろう。

柔道人口の増大

一九六〇年代以降、フランスの柔道人口は大きく増大していった。五〇年代後半に三万人程度だったＦＦＪＤＡ登録者数は、六三年になって五万四千五百四十四人、六八年には十一万八千百九十四人、七三年には三十万五千九百五十七人[52]と、六〇年代後半から七〇年代初頭にかけて急増していることがわかる。

こうした登録者数の増加は、フランスのスポーツ全体の傾向を反映していた。第二次世界大戦後のフランスの経済成長は一九五〇年代と六〇年代を通じて加速し、七〇年代の石油危機に至るまで続いていった。のちに「栄光の三十年」と呼ばれることになるこの時代、人々のライフスタイルは大きく変容し、経済成長に伴って生活に余裕ができた人々はレジャーやスポーツ活動に目を向けるようになった。[53]

そのなかでも柔道の増加率は顕著だった。一九六八年から七三年のＦＦＪＤＡ登録者数の増加率は一五八パーセントであり、これは各種スポーツ連盟のなかで最も高い数値である。七〇年代前半に柔道人口は三十万人を超え、サッカー、スキーに次いでフランスで三番目に登録者数が多いスポーツになった。[54]このことは六〇年代以降、ＦＦＪＤＡが柔道界の裾野を広げるべく進めてきた「大衆化」の方針が、次第に実を結んできたことを示していると考えられるだろう。

とりわけ、十八歳未満の若年層が大きく増加していた。一九五九年には全登録者のうち十八歳未満の登録者が占める割合は三七パーセントだったが、六八年には七三パーセント、六九年には七五パーセントと上昇を続けた。特に十四歳未満の割合は高く、六八年に四一パーセント、[55]七五年には、ＦＦＪＤＡ登録者数約三十二万人のうち十三歳以上十八歳未満が七万人で、十三歳未満が十二万人となっていた。[56]

こうした柔道の普及状況を反映するように、一九七一年三月には「フランス柔道（France-Judo）」と題する柔道専門の月刊誌が創刊された。同誌は、大会の様子や技術紹介だけでなく、代表選手の家族との日常や全国各地の柔道クラブの活動に至るまで、柔道に関する幅広い情報を豊富なカラー写真で伝えるものだった。

創刊号の巻頭には当時ＦＦＪＤＡの会長だったファイファーが歓迎の言葉を寄せている。ファイファーは「「外から」柔道を扱うようにし、我々の世界だけでなく、一般の人々にも柔道が発展していくようにすることを目指す」「フランス柔道」に大いに期待した。というのも、ファイファーによれば、「サッカーやスキーに次ぐ実践者数にもかかわらず、柔道はいまだ多くの人にとって「謎に包まれた世界」[57]だった。登録人口という数字のうえではフランスで三番目のスポーツであり、若年層にも広がりつつあったものの、柔道は依然としてなじみが薄いスポーツだったようである。

ＦＦＪＤＡは柔道を一般に人気があるスポーツにすること、名実ともに大衆化していくことを目指すようになっていた。そのためには、世界大会やオリンピックで金メダルを獲得するようなスター選手の登場も待ち望まれただろうが、「謎に包まれた」柔道イメージを払拭し、より身近なスポーツとして認識されるようになる必要もあった。こうしたＦＦＪＤＡの課題があるなかで「フランス柔道」では、強豪選手の日常や各地のクラブの様子を紹介したのである（図3）。なかでも子どもたちの写真は象徴的である。楽しそうに、あるいは真剣に、柔道衣を身にまとった子どもたちが、互いに組み合ったり正座をしたりしている様子は頻繁に掲載された（図4）。子どもの教育に有用なスポーツとしての柔道イメージが、芽を出し始めていたのである。

図3　雑誌「フランス柔道」で紹介されたジャン＝リュック・ルージェ
（出典：« Jean Luc-Rougé », *France-Judo*, No.2, avril 1971, pp. 18-19.）

一九六九年一月末に、「フランス柔道の生みの親」である川石酒造之助が六十九歳

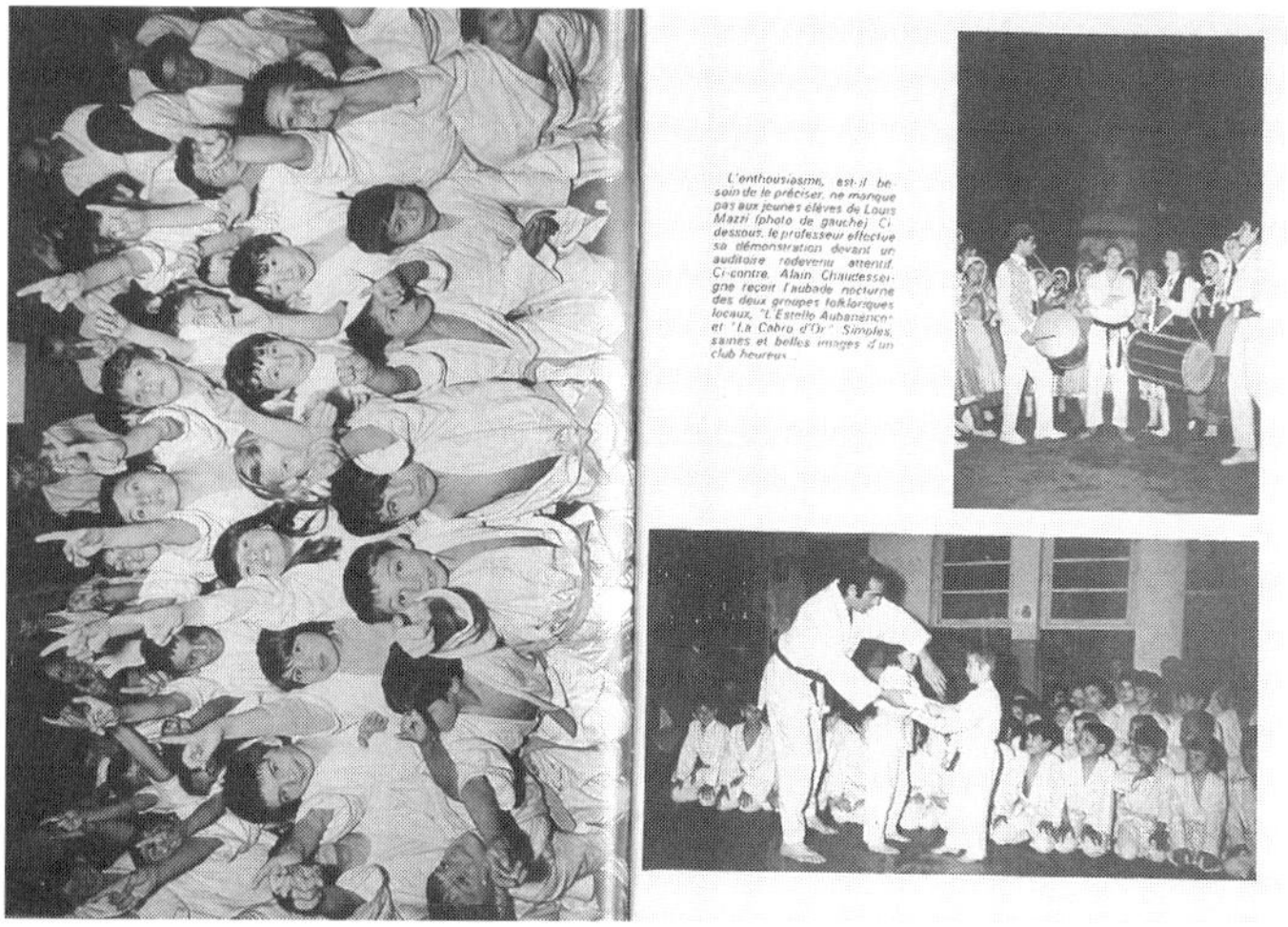

図4　雑誌「フランス柔道」で紹介された子どもたちの様子
（出典：Pierre Toree, « Aubagne, le club heureux », *France-Judo*, No.3, mai 1971, pp. 8-9.）

で死去した[58]。川石には、七五年にフランス柔道連盟（ＦＦＪＤＡ）から十段が追贈された。さらに、川石の死去から三年後の七二年四月には、ボネ＝モリが七十二歳で死去した[59]。ボネ＝モリは五六年にフランス柔道連盟の会長職を退いた後も、七一年までＩＪＦやＥＪＵで事務総長として政治手腕を発揮し続けていた。草創期から柔道普及の基礎を作り上げてきた二人がこの世を去り、フランス柔道は新たな時代を迎えることになる。

おわりに

世界選手権の開催やオリンピックでの柔道競技の実施は、各国のメダル獲得競争に拍車をかけていった。こうしたなかフランス柔道は、しだいに以前ほどの競技力を示すことができなくなっていった。他方で、競技化傾向が強まる柔道をめぐって、フランス柔道界は再び分裂していった。

　こうした国内外の状況を前にして、ＦＦＪＤＡは一九六六年にフランス式柔道上達法を制定した。これは分裂していた柔道技術指導法を統一し、基礎的な技術の幅広い習得を目指して競技力の向上を目指す「高度化」と、黒帯までの初心者に向けた丁寧なプログラムを示して柔道界の裾野を広げる「大衆化」を同時に推し進めるうえで、ＦＦＪＤＡにとって必要な施策だった。

注

（1）Michel Brousse, *Les racines du judo français: Histoire d'une culture sportive*, Presses Universitaires de Bordeaux, 2005, p. 310.

（2）Collège des Ceintures Noires de France et de l'Union Française, *Bulletin confidentiel*, septembre 1957, p. 7.

（3）Le Conseil d'administration du Collège « Le Comité directeur de la Fédération déclare la guerre au Collège des Ceintures Noire », Bulletin Confidentiel, Septembre 1957, College des Ceintures Noires de France et de l'Union Franaise, p.7.

（4）Claude Thibault, *Un million de judokas: Histoire du judo français*, Éditions Albin Michel, A. Michel Doullens, 1966, p. 114.

（5）*Ibid.*, p. 114.

(6) *Ibid.*, p. 125.
(7) *Ibid.*, p. 166.
(8) « APPEL A TOUTES LES CEINTURES NOIRES POUR L'UNION », *Judo,* No. 68, août-septembre 1957, p. 5.
(9) « APPEL A TOUTES LES CEINTURES NOIRES POUR L'UNION », *Judo,* No. 69, octobre 1957, p. 9.
(10) J. R. Marcelin, « Les Congres de Zurich », *Judo,* No. 26, septembre 1952, p. 13.
(11) 田代重徳「ボネモリ博士を迎へて」「柔道」一九五三年七月号、講道館、二四ページ
(12) VALIN, « TRIBUNE LIBRE...SUR LES CATÉGORIES DE POIDS », *Judo,* No. 29, mars 1953, p. 28.
(13) Ibid., p. 27.
(14) Haimo Groenen, « La preparation des premières Olympiades de judo en France entre 1960 et 1964: un facteur de sportivisation de l'entraînement et de la discipline japonaise », *European Studies in Sports History,* Volume 7, 2014, p. 128.
(15) M. Kawaishi, « Vingt ans de judo français », *Judo,* No. 53, mars 1956, p. 5.
(16) « M.Bonet-Maury nous Communique », *Judo,* No. 83, février 1959, p. 3.
(17) Bernard Midan, « Je suis pour les catégories de poids », *Ibid.,* p. 7.
(18) Thibault, op. cit., p. 123.
(19) Michel Brousse, *Le Judo: son histoire, ses succès,* Éditions Liber, 1996, p. 126.
(20) Andreas Niehaus, "'If you want to cry, cry on the green mats of Kodokan': Expressions of Japanese cultural and national identity in the movement to include judo into the Olympic programme," *The*

international Journal of the History of Sport, Vol. 23, No. 7, 2006, pp. 1176-1177.

(21) P. Martel, « Et celui par catégories de poids », *Judo*, No. 98, avril-mai 1961, pp. 9-12.

(22) P. M., « Rerirons ensemble tous les combats Championnat du Monde », *Judo*, No. 102, janvier-février 1962, pp. 6-17.

(23) Thibault, *op. cit.*, pp. 243-244.

(24) *Ibid.*, pp. 245-248.

(25) *Ibid.*, pp. 151-153.

(26) Groenen, op. cit., p. 123.

(27) P. M., « Notre noveau président », *Judo*, No. 102, janvier-février 1962, p. 1.

(28) Ibid., p. 3.

(29) 粟津正蔵「特集・世界の柔道——フランス」「柔道」一九六三年三月号、講道館、四ページ

(30) Groenen, op. cit., p. 123.

(31) Ibid., p. 131.

(32) 粟津正蔵「オリンピックの頁 フランス」「柔道」一九六四年七月号、講道館、一八ページ

(33) Thibault, *op. cit.*, pp. 153-157.

(34) 齋藤健司『フランススポーツ基本法の形成』上、成文堂、二〇〇七年、二六三ページ

(35) Haimo Groenen, « La promotion d'un judo éducatif par la fédération française de judo entre 1968 et 1990: Le rôle des méthode d'enseignement fédérales », in Jean-François Loudcher et Jean-nicolas Renaud, *Éducation, sports de combat et arts martiaux*, Presses Universitaires de Grenoble, 2011, p. 153.

(36) Ibid., pp. 252-253.

(37) Claude Collard, « Éditorial », *Judo,* No. 1962, janvier-février 1962, p. 3.

(38) Groenen, op. cit., p. 131.

(39) Ibid., p. 144.

(40) Henri Courtine, « Préface », in Émile Couzinié, *Judo Moderne: Progression Française,* Judogi, 1969, p. 3.

(41) Bernard Pariset, *Judo: Progression officielle française,* Judo International, 1969, pp. 13-36.

(42) *Ibid.*, p. 10.

(43) Couzinié, *op. cit.*, p. 13.

(44) Haimo Groenen, « Aux Origines de la Méthode Française d'Enseignement du Judo (1936-1967): Acculturation, Enjeux Sportifs Internationaux et Gaullisme », *Social and Education History,* Vol. 2, No. 3, octobre 2013, pp. 250-251.

(45) Brousse, *Le Judo,* pp. 169-170.

(46) *Ibid.*, p. 170.

(47) P. Martel, « c'est l'unité... », *Judo,* No. 160, juin-juillet 1971, p. 6.

(48) « Arrêté du 30 juin 1971 Création d'un comité national des grades pour le judo », *Journal Officiel de la Republique Française,* 1er Septembre 1971, p. 8684.

(49) J.-L. Jazarin, G. Pfeifer et P. de Rocca-Serra, « En annexè an protocole d'accord entre la F.F.J.D.A. et le C.N.C.N. », *Judo,* No. 160, juin-juillet 1971, p. 12.

(50) « Arrêté du 30 juin 1971 Création des brevets d'Etats d'animateur de judo, de moniteur de judo et

de professeur de judo, aïkido, karaté et méthodes de combat assmilées », *Journal Officiel de la Republique Française,* 1er Septembre 1971, p. 8684.

(51) Matthieu Delalandre et François Bedaux, « Devenir éducateur sportif en judo: diplômes et formations », in Bernardeau-Moreau Denis et Collinet Cécile (dir.), *Les Educateurs sportifs en France depuis 1945: Questions sur la professionnalisation,* PUR, 2009, pp. 185-186.

(52) Pascal Chatelat et Philippe Tétart, « La « première » sportivisation. Croissance, renouvellements et clivages sociaux (1958-1975) », in Philippe Tétart (dir.), *Histoire du sport en France: De la Libération à nos jours,* Éditions Vuibert, 2007, p. 51.

(53) Ibid., pp. 33-35.

(54) Ibid., p. 51.

(55) Groenen, « La promotion d'un judo éducatif par la fédération française de judo entre 1968 et 1990 », p. 154.

(56) Claude Fradet, « Les assises fédérales, Imagination et information », *Judo, nouvelle serie,* No. 23, mai-juin 1975, p. 4.

(57) Gregor Pfeifer, « Bienvenue ! », *France-Judo,* No. 1, mars 1971, p. 4.

(58) « MORT DU MAITRE KAWAISHI », *Le Monde,* 6 février 1969.

(59) LA F.F.J.D.A., « Paul Bonét-Maury n'est plus... », *Judo,* No. 168, avril 1972, p. 4.

第7章　フランス柔道と教育の接近

星野　映

はじめに

東京オリンピック以降、柔道の国際的な競技化が急速に進むなかで、フランス柔道では統一的な技術指導法がフランス柔道連盟（ＦＦＪＤＡ）主導で考案され、「大衆化」と「高度化」が同時に目指された。その成果は一九七〇年代半ばまでに表れてくるが、そのなかでフランス柔道にとっての新たな課題が鮮明になってくる。本章では、そうした課題に対処するなかで、フランス柔道が示した一つの方向性、すなわち現在に至る「教育的スポーツとしての柔道」がどのようにしてつくりあげられていったのかを明らかにしていく。

1　一九七〇年代のフランス柔道の課題

柔道の教育方法化

フランス柔道の人口構造は一九六〇年代後半から七〇年代前半にかけて若年化していった。統一されたフランス式柔道を定めることによって、柔道人口のピラミッドを大きくしようとしたFFJDAの方策は、裾野の拡大という点で成功したように思われる。そして、この若年化の傾向を前にして、FFJDAは柔道のあり方に新たな方向性を見いだすことになる。

子どもの登録者数が増大していくなか、一九七一年五月二日には初めて十二歳から十三歳を対象にした全国大会がFFJDAの主催で開かれた。それまでにも「ジュニア」や「カデ」といった十代向けの柔道大会は実施されていたが、十四歳未満を対象にした全国的な大会はFFJDAでは初めての試みだった。

「年少者」を意味する言葉を含む「バンジャマン・グランプリ（Benjamin Grand Prix）」というタイトルがつけられたこの大会は、クーベルタン・スタジアムで盛大に開催され、全国各地域リーグから選ばれた二百九十二人の少年柔道家が集まった(1)（図1）。

大会開催に中心的な役割を果たしたアンリ・クルティーヌは、審判員に対して、「二分間で、子どもたちに最高のプレーを自由にさせること、そして彼らの気持ちや意識を判定してあげること」

図1　バンジャマン・グランプリでクーベルタン・スタジアムに集合した子どもたち
（出典：Georges Spitzer, photo, *France-Judo*, No. 4, juin 1971, p. 16.）

が重要だと説明し、また、「態度や礼法、挨拶などを考慮に入れ」るように伝えた。[2] 試合とはいえ、勝負そのものよりも教育的な側面が強調されたのである。

また、危険性がある関節技と絞め技は禁止され、安全性を考慮して体重別で区分された。いちばん下のクラスが二十六キロから三十キロ、そこから五キロから七キロずつの区分で五十三キロ超級までの計六階級でおこなわれた（図2）。だが、これには批判もあり、例えば五十三キロ以上でも、十二、十三歳の少年のなかには非常に大柄な選手もいたし、同じ体重でも発達段階はさまざまだった。ＦＦＪＤＡは、こうした発育発達の違いには、「南西部出身の選手は、たいていノルマンディー地方やブルターニュ地方の選手よりも成長が早い」といったように、出身地の違いが関係しているのではないかという推察までしている[3]。

こうして子どもの柔道が盛り上がりをみせはじめるなかで、ＦＦＪＤＡは技術的な向上だけでなく、子どもの身体的・心理的な成長に合わせた「教育としての柔道」指導を実践していく必要性を議論し始めた。一九七二年にレーヌ・オドランがＦＦＪＤＡ会長に就任すると、子どもの柔道教育指導法を考案していく方針が明確に示され、教育指導法高等委員会が創設された。ここでは、子どもだけでなく、女子柔道の指導法など、柔道のさまざまな技術的・教育的な方法について議論がな

図2　バンジャマン・グランプリの入賞者
（出典：Georges Spitzer, photo, *France-Judo*, No. 4, juin 1971, p. 17.）

された[4]。

子どもは、その発育発達のなかでの身体的・精神的変化が著しく、その教育は発育発達の段階に応じた方法がとられるべきである。また、成長期というのは柔道家としての上達のためだけでなく、子どもの将来のためにきわめて重要な時期をなしている[5]。

ＦＦＪＤＡはこの点に注目した。一九七四年の総会では、はじめに十歳未満で線引きをして、六歳から九歳を対象にした教育方法を考案することが確認された。この試みは七七年に『６―９歳の教育法アプローチ』（*Approche pédagogiques des 6-9 ans*：以下、『６―９歳のアプローチ』と略記）が刊行されることで実を結んだ[6]。

この『６―９歳のアプローチ』でＦＦＪＤＡは、「私たちは単純に、一つの手段すなわち柔道で六―九歳の子どもの教育に寄与したいのである」として、柔道を子どもの教育の手段と位置づけた。柔道は「身体的、道徳的、社会的、精神的な」教育に対して有効であり、子どもの教育一般に貢献できる、スポーツ以上のものであることが強調された。ＦＦＪＤＡはさらにこの「教育方法としての柔道」の方針を推し進め、一九八〇年には『13―15歳の柔道（*Le Judo des 13-15 ans*）』を出版した[7]。これは、十四歳から十五歳くらいになると子どもたちが柔道から離れてしまうという課題を解決すべく、出されたものでもあった。

こうして、従来的な技術の指導にとどまらない子どもの「教育方法としての柔道」をＦＦＪＤＡはつくりあげていったのである。

一九八〇年代初頭からは、各色帯で求められる技を簡易化して図示した冊子が作られた。子どもたちはこれを見れば、それぞれの技がおおむねどのようなものであるかを、少なくとも形だけは知ることができる。この冊子は柔道指導の現場で用いられ、指導者にとって子どもへの指導者を手助けする役割を果たした。(8)

子どもの柔道指導法をめぐるＦＦＪＤＡの一連の展開は、一九七一年のアレテで規定された柔道指導者の国家資格免状試験とも連動していた。同免状は、七四年にそのほかのスポーツ競技の国家資格免状制度と統一され、スポーツ教師国家免状（Brevet d'Etat d'educateur Sportif：以下、ＢＥＥＳと略記）の柔道初級、中級、上級の三段階に分けられた。

一九五五年法で規定された免許は安全性の担保を重視したのに対し、新たなＢＥＥＳは現場での指導法により重きが置かれる試験となった。特に、ＢＥＥＳ初級と中級は、柔道の文化や種々の規程、安全性などに関する知識が問われる専門試験、柔道指導の考え方や実技を評価する指導法試験、乱取りや技術の演武をおこなう実技試験で審査し、そのなかでも指導法試験の配点が以前のそれよりも高く設定された。

そして、その指導法試験では、自らが示す柔道指導法に関して、なぜそれを選択したのかを説明することが求められた。(9)こうして柔道指導者には、柔道を教えるそれぞれの対象に適した指導法が強く求められるようになったのである。

女子柔道の発展

柔道人口の増大と若年化が進むのと相まって、ＦＦＪＤＡ登録者全体に占める女性割合も高くなっていった。一九六〇年代まで、フランスで女子の柔道参加は男子に比べてきわめて限定的だった。六三年時点で、ＦＦＪＤＡに登録する女性の割合は全体のわずか五・五パーセントだった(10)。その割合が七一年には九・四パーセント、七五年には一三・九パーセント、七九年には二〇パーセントを超えるまでになった(11)。

フランス柔道における女性割合の上昇は、女子柔道競技の活性化と同時進行で起こっていた。もともと川石酒造之助が指導していた時代から断続的におこなわれることはあったものの、一九六〇年代の前半までフランス柔道界では一般的に女子の試合は推奨されていなかった。昇段に際しても、女子は試合をおこなわないということが決められていた(12)。

日本では女子柔道の競技化はさらに遅かった。講道館柔道を創始した嘉納治五郎が女性に柔道の試合はふさわしくないと考えていたこともあって、長い間日本では試合がおこなわれなかった。講道館では、戦後になっても女性が講道館大道場で男性と一緒になって練習することさえ認められておらず、女子柔道の競技化の機運はまずヨーロッパで高まった。

西ドイツやスイス、オーストリア、続いてイタリアやイギリスなどでは、一九六〇年代から女子の柔道大会が開催され始めていた。そして、フランスからも近隣諸国でおこなわれるこれらの大会に、何人かの女子柔道家が個人的に挑戦するようになる(13)。

一九六八年のＦＦＪＤＡ全国柔道指導会議では、女子柔道が本格的に議題に上がった。また、七〇年十二月には、全国女子柔道シンポジウムを開催し、フランス全土から熱心な女子柔道家が参加した。そこではさまざまな議論が交わされ、試験的にではあるものの女子柔道大会を開催することも決まった(14)。さらに、七四年十二月にはジョジアーヌ・リトードンが女性として初めてFFJDAの理事会役員に選ばれるなど、少しずつフランス柔道界の雰囲気も変化していた(15)。

一九七五年十二月には、初めてのヨーロッパ女子柔道選手権大会がドイツのミュンヘンで開催され、フランス代表選手は金メダル五個、銀メダル三個、銅メダル一個を獲得する活躍を見せた。女子の正式なフランス柔道選手権が開催されるのは、その翌年のことである(16)。こうした女子柔道の興隆は世界各地で同時代的に起きていて、七四年にオセアニア、七六年にパンアメリカン、七八年には日本で、初めての全国選手権大会が開催された(17)。

一九八〇年には、六〇年代に講道館で学んだラスティ・カノコギらの活動によって、女子世界選手権大会がニューヨークで開催された。そして、西ドイツ・エッセンで開催された八七年の世界柔道選手権以降は男女共催になる。翌年のオリンピック・ソウル大会では公開競技として女子柔道が実施され、九二年のバルセロナ大会で女子柔道は正式種目になった(18)。同大会でフランス代表の女子選手は、四十八キロ以下級の決勝で日本代表の田村亮子を破ったセシル・ノバックらの活躍によって金メダルと銅メダルを二個ずつ獲得する。これは女子の参加国のなかでは最高の成績だった。

国際競技力の復調

低迷を続けていたフランス代表の男子選手は、一九七〇年代から世界大会で活躍し始めるようになる。世界選手権で初めてフランス代表選手がメダルを獲得したのは七一年のことである。同年のヨーロッパ選手権で優勝していたギー・オーフレイが三位に入賞し、銅メダルを獲得した(19)。五六年に東京で最初の世界選手権が開催されてから十五年目のことだった。
また同年の二月には、第一回パリ・フランス国際柔道大会が開かれ、ヨーロッパを中心に、日本を含む世界各国から強豪選手が参加した。この大会は、グランドスラム・パリに名称が変わった現在でも、多くの柔道愛好家が観戦に訪れるフランス柔道の一大イベントになっている。
さらに一九七二年のオリンピック・ミュンヘン大会では、軽量級のジャン゠ジャック・ムニエ、中量級のジャン゠ポール・コッシュ、無差別級のジャン゠クロード・ブロンダニがそれぞれ銅メダルを獲得した。そして、七五年にはついにフランス初の世界チャンピオンが誕生した。ウィーンで開催された世界選手権大会の軽重量級（九十三キロ以下級）決勝で、ジャン゠リュック・ルージェが日本の石橋道紀を破って優勝したのである。[20]
この頃には海外県出身の柔道家も活躍し始めるようになった。グアドループのグランド・テール島ポワンタピートルで生まれたマリオ・キアビュは、兄弟とともに柔道を始め、十二歳のときに父の仕事の都合でパリ郊外に移り住んだ。移住時には黄色帯だったキアビュはめきめきと力をつけ、十六歳で初段を取得した。さらに一九七五年、十七歳のときには左右の担ぎ技を武器に、スウェーデンで開かれたヨーロッパ・カデ選手権大会の軽量級で優勝し、大きな注目を集めた。[21]さらに、キアビュは七七年には前述のフランス国際柔道大会にも出場していて、六十キロ以下級で三位に入賞している。[22]近年では、グアドループのポワンタピートル出身のテディ・リネールが有名だが、リネールが活躍し始める三十年以上前にも同じくグアドループ出身の柔道家が活躍していたのである。

2　競技偏重と登録者数の停滞

一九七〇年代前半にかけてフランス柔道は国際競技力の高さを再び示すようになった。こうした国際舞台での柔道競技の活発化は、フランス国内にも影響を及ぼすようになっていた。現場での過剰な競技偏重の傾向についてＦＦＪＤＡで議論されるようになったのである。

一九七七年のＦＦＪＤＡ機関誌七―八月号では、冒頭からジャン＝クロード・ブロンダニが、柔道関係者、特にハイレベルな大会で、マナーの悪さやふさわしくない態度が目立っていることを指摘した。ブロンダニは、勝った選手による派手なパフォーマンスや、負けた選手が礼をしない、帯を叩き付ける、といった試合場の行為だけでなく、指導者や観客のヤジやクレームも問題視した。[23] そして、「運営者、指導者、審判、選手、クラブでのみ柔道をする者、観客」それぞれが「こうした嘆かわしい変化に意識的になり、状況を改善しようとすることが重要だと思う[24]」と注意を促した。

ＦＦＪＤＡ技術指導部長のピエール・ギシャールは、一九七八年のＦＦＪＤＡ総会で「多くの人々が基本的な礼儀作法を忘れ、ストリートファイトに成り下がっている」とフランス柔道にはびこるマナーの悪さを嘆いた。さらに翌年の総会では「私たちは（略）（柔道の）競技スポーツ的な方向性の犠牲者である。私たちのなかには嘉納治五郎の本来の考え方からかけ離れている人もいる[25]」

と述べた。

その後もこうした問題は幾度となくＦＦＪＤＡで議論されるようになった。親たちが子どもに柔道を習わせるのは「柔道文化にある厳格さや規律というブランドイメージ」によるのであり、ＦＦＪＤＡはそれを守らなければならないと考えた。競技面の強調によって生じた歪みのために、柔道がもつ競技以外の側面も重視しなければならないということをＦＦＪＤＡは再認識させられた。

こうした競技偏重とそれに伴うマナーの悪化だけでなく、一九七〇年代後半からは、それまで順調に上昇していたＦＦＪＤＡ登録者数の増加率が停滞してきたことも課題になっていた。六八年から七三年の五年間は、十一万八千百九十四人から三十万五千九百五十七人と二倍以上の増加率だったが、その後の五年間、七八年には三十二万人程度にとどまっていた。八二年から八六年までの増加率は二パーセントから四パーセントにとどまり、八七年の増加率はほぼ〇パーセントだった[26]。各種スポーツ連盟にとって、直接的な財源になる登録者を確保することは常に重要な課題であり、ＦＦＪＤＡも登録者数の増加に積極的に取り組んでいかなければならなくなった。

ＦＦＪＤＡ登録者数の増加率が停滞した理由の一つ目には、人々のスポーツ実践が多様化したことが考えられた。一九七〇年代から八〇年代にかけては、例えば、エアロビクスのようなジムでの健康を目的とした運動や自転車旅行など、競技よりも楽しみながら実践できるスポーツが実践者数を伸ばした。これらのオリンピック競技以外のスポーツ連盟（Fédérations non-olympiques）の登録者数は、七一年から八二年までに二一五・一六パーセントの増加率をみせた。この数値はサッカー、陸上競技、柔道などのオリンピック競技のスポーツ連盟の同時期の増加率七二・五八パーセントに

比べると、きわめて大きい数値であることがわかる。(27)

二つ目の理由はFFJDA傘下にあったいくつかの格闘種目が独立した連盟を持ち始めたことである。空手は、フランス柔道の第一世代の一人だったアンリ・プレによって一九五三年から指導が始められ、五四年にはプレがフランス空手連盟を設立していた。だが、空手の普及度が低かったことなどから、このときには青年スポーツ省の公認を得ることができず、結局六一年にFFJDA傘下に空手部門が設置されるにとどまっていた。(28)合気道も同様に、当初はFFJDA傘下の一部門にすぎなかった。

ところが、それぞれの登録者数の増大に伴って一九七五年には空手が、八二年と八三年には合気道の二つの流派がそれぞれFFJDAから独立して連盟を結成し、(29)FFJDAにとっては、登録者をめぐって競合する団体になった。

三つ目には、十代半ばに差しかかる少年たちの「柔道離れ」も問題になっていたことが挙げられる。幼少期から柔道クラブに通っていた子どもたちが、十四歳から十五歳に差しかかるとほかのスポーツに関心を持ち始め、クラブに通わなくなるのである。特に、試合に参加することがなかった子どもたちにとっては、柔道への関心が低下するという懸念があった。(30)こうした現状を改善し、「親が子どもを畳に向かわせるような」教育的なイメージを再構成することが、再び登録者数を増加させるうえでのFFJDAの重要な課題になった。(31)

FFJDAでは、柔道に期待される教育的効果は、柔道を実践すれば自然と獲得できるものではなく、適切な指導法があってこそ獲得できるものであると考えられた。こうした考え方が、一九八〇年代以降のＦＦＪＤＡによる柔道普及・振興の方策を方向づけることになる。

新たなフランス式柔道

登録者の全体数が停滞するなか、十歳未満の子どもの割合は相対的に増加し続けていた。一九八六年にはＦＦＪＤＡ登録者数全体の四〇パーセント近くが十歳未満の子どもで占められていた[32]。連盟登録者数の増加率停滞と若年化傾向を前にして、八六年に会長職に就いたダニエル・ベルテロのもと、ＦＦＪＤＡは柔道指導法を「現状に適した」ものにすべく本格的に再考し始めた。

それ以前から、従来のフランス式柔道上達法（以下、上達法と略記）を改訂することは議題に上がっていた。そもそも上達法は、柔道人口の土台を強化し、それによってオリンピックをはじめとする国際競技力の向上を目指す「クーベルタン・ピラミッド」の考え方を根底に作られたものだった。新たな柔道指導法をめぐっては、この上達法が目指していた競技力向上のための技術習得だけでなく、教育方法学的にも改善していくことが検討されていた[33]。

新たな連盟の指導法は、社会全体のスポーツに対する考え方の変化にも対応する必要があった。一九七〇年代以降に新たなスポーツ種目が実践者数を伸ばしたように、若者がレジャー・スポーツを志向する傾向にあった。そのなかでＦＦＪＤＡもレジャー・スポーツ志向に対応することが「連盟の発展に重要な要素」であると議論されるようになった。ＦＦＪＤＡ技術指導部長のクルティーヌも、若者のレジャー・スポーツ志向に驚きを示しながらも、柔道が大きく発展するためには幅広い側面から柔道が提供されなければならないと考えるようになった[34]。

市場調査会社のイプソスが一九八六年に実施したアンケート結果を示して、同年のFFJDA総会でベルテロは「柔道の伝統的な側面が十分に評価されておらず、スポーツ的な側面に重点が置かれすぎていると考えている」と強調した。(35)柔道の普及・振興を推し進め、登録者数をさらに増大させるために、FFJDAは柔道の競技以外の側面、教育やレジャーとしての要素を強調していかなくてはならなかった。現在に至るまで、FFJDAで定める柔道の試合は競技（sportives）とレジャー（loisir）の二つに分けられ、十四歳以下の子どもの試合はすべてレジャーに分類されている。

一九八〇年代後半からは、国家免状の取得を目指す柔道家向けの新たな養成講習会を各地域で実施するようになった。ここでは柔道の専門的な技術や「形」の練習だけでなく、柔道に関する歴史や社会学的知識などの講義もおこなった。なかでも、現場での指導を想定した教育法実技の研修が重視された。(36)柔道実践者の多様なニーズに対応しながら、指導現場でさまざまな条件に対応できることが指導者には求められるようになっていた。

こうした柔道指導の現場の状況に則してさまざまな要素を盛り込みながら練り上げられた新たな柔道指導法が、一九九〇年にフランス式柔道柔術教育法（*Méthode Française d'enseignement du judo-jujitsu*：以下、フランス式と略記）として完成した。ここには「教育方法としての柔道指導」というFFJDAの基本方針が明確に表れている。

このフランス式は、一九六七年の上達法のように黒帯を取得するまでの段階的な技術の向上を目指しながら、『6―9歳のアプローチ』（一九七七年）や『13―15歳の柔道』（一九八〇年）のように年齢ごとの発達・発育段階に合わせたプログラムを構成した。(37)

フランス式ではいくつかの「強固な理念」を示している。それは①「柔道は前後の動作のなかで教えられる」、②「柔道は二人で実践される」、③「学習は生ものである」、④「何らかの技術は、何らかの特有の流れのなかでの意味をもつ」の四つである。(38)

これらは「崩しの理」や「取」と「受」の役割、相手の動きや反応に応じた攻撃や防御など、柔道技術の基本でありながら子どもにとっては難しいように思われる要素を説明している。フランス式では、それらを一連の学習プロセスのなかに盛り込む工夫を施している。技術習得は、子どもの運動機能と知的発育に対応するように段階分けされていて、それが帯の色と対応する。

フランス式では、従来よりも帯の色を細分化することになった。新たに一本が二色からなる色帯を取り入れ、「白」と「黄」の間に「白・黄」帯、「黄」と「オレンジ」の間に、「黄・オレンジ」帯、「オレンジ」と「緑」の間に「オレンジ・緑」帯を新たに導入し、白帯から茶帯まで九つの段階に分けられた。これは柔道を始める平均年齢が六歳であり、毎年昇級すれば十四歳までに茶帯を取得できるという計算に基づいている。(39)十五歳からは初段を取得できるようになるため、子どものうちから順当に昇級すると、最少年齢で黒帯を取得できることになる。

もちろん新たなフランス式でも上達法と同様に、それぞれの色帯に応じて基準となる技術や基本動作を設定した。両者の最も大きな違いは、そこに対象年齢の基準を設け、子どもの発育・発達段階に応じたプログラム構成になったことである。この基本方針は、『6―9歳のアプローチ』や『13―15歳の柔道』の延長線上にあるといっていいだろう。「教育的なスポーツとしての柔道」が、フランスの柔道技術の基盤になったのである。

フランス式は、柔道人口全体の七〇パーセントを超えるようになっていた十五歳未満に重点を置いた柔道指導法だったが、十代半ばを迎えると目立つ「柔道離れ」にも対応できるようなプログラムが考えられた。青帯、茶帯からは、それまでの色帯と同様に共通の技術を学ぶ「一般プログラム」に加えて、得意技を練習したり、相手の動作に対応する方法を考えたりするなど、個々の柔道を作り上げることを目指す「個別プログラム」を導入した。さらに、「投げ技」「寝技」だけでなく、「形」や「護身術（柔術）」を「履修科目（unités de valeur）」に設定した。これらには競技だけにとらわれない柔道の技能が盛り込まれている。

こうしてフランス式では、生理学や心理学あるいは運動機能の発達などを踏まえた教育方法としての柔道を構成しながら、基礎的な技術の指導や実践者の多様な関心に応えるプログラムが形成された。現在に至るまで、このフランス式が、六歳から十五歳の子どもにとっての柔道実践の主軸を形成することになる。

さらに、より年少の子どもの柔道人口も増加してきたことを受けて、ＦＦＪＤＡは二〇〇七年頃から四、五歳向けの「発育柔道（Eveil judo）」を連盟として考案することになった。[40]それまでのフランス式に加えて、現在ではこの年少者向けの指導システムも整備されている。とはいえ、ここでの柔道に関する内容は「ハジメ」「ドージョー」「トリ」「ウケ」など「いくつかの日本語の語彙の学習」にとどまっていて、投げ技や寝技の具体的な技術は設定されていない。それよりもむしろ、「引く」「押す」「回る」「跳びはねる」「小刻みに動く」「バランスをとる」など、子どものうちに大きく成長する運動能力の向上に重きを置いている。[41]

このように子どもの発達・発育段階に応じて、適切な時期に適切なはたらきかけをする「適時性」と「適刺激」を考慮したプログラムは、柔道だけでなくほかのさまざまなスポーツにも応用できる内容になっている（図3）。

また、「発育柔道」では、「指示を聞いて実行する」「他者と協力する」など「注意持続力」や「対人関係能力」の発達も重視している[42]。これも柔道に限定されることがない子どもの能力の発育発達を目指す、きわめて教育的な意図でつくられているといえるだろう。

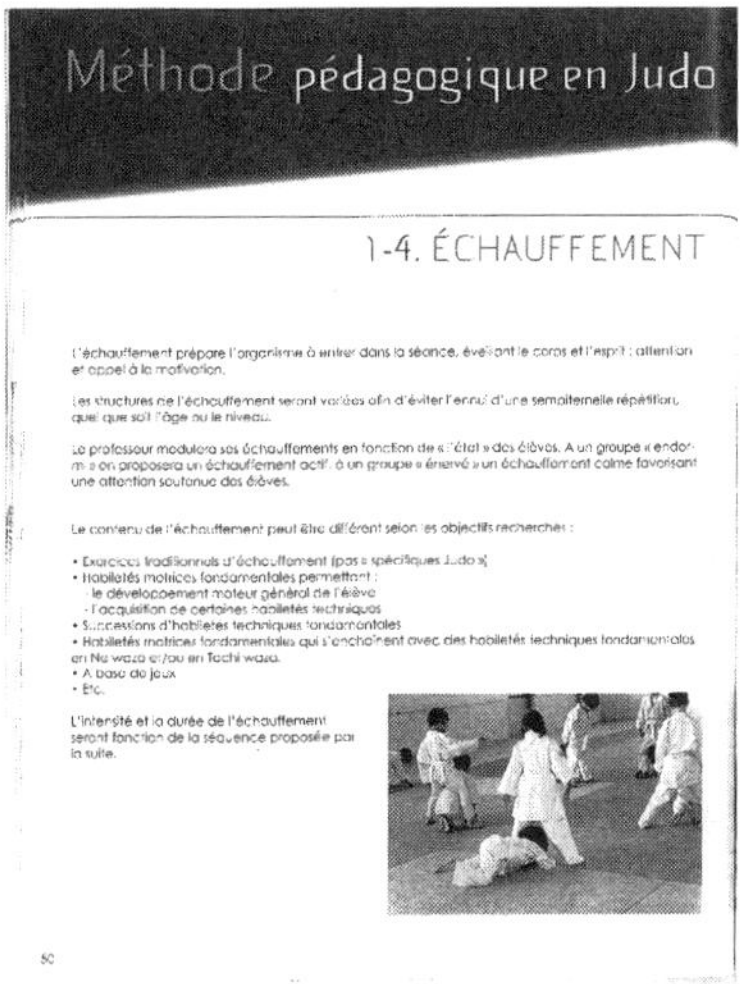

Méthode pédagogique en Judo

1-4. ÉCHAUFFEMENT

L'échauffement prépare l'organisme à entrer dans la séance, éveillant le corps et l'esprit : attention et appel à la motivation.

Les structures de l'échauffement seront variées afin d'éviter l'ennui d'une sempiternelle répétition, quel que soit l'âge ou le niveau.

Le professeur modulera ses échauffements en fonction de « l'état » des élèves. A un groupe « endormi » on proposera un échauffement actif, à un groupe « énervé » un échauffement calme favorisant une attention soutenue des élèves.

Le contenu de l'échauffement peut être différent selon les objectifs recherchés :

- Exercices traditionnels d'échauffement (pas « spécifiques Judo »)
- Habiletés motrices fondamentales permettant :
  - le développement moteur général de l'élève
  - l'acquisition de certaines habiletés techniques
- Successions d'habiletés techniques fondamentales
- Habiletés motrices fondamentales qui s'enchaînent avec des habiletés techniques fondamentales en Ne waza et/ou en Tachi waza.
- A base de jeux
- Etc.

L'intensité et la durée de l'échauffement seront fonction de la séquence proposée par la suite.

50

図3　発育発達に応じた指導の工夫が施されている

（出典：FFJDA, *Méthode pédagogique en judo*, 4 Trainer Editions, 2019, p. 50.）

柔道のイメージとコード・モラル

教育の手段としてのフランス式柔道の技術プログラムや指導法を考案していく一方で、柔道がもつ教育的な価値を明示的に打ち出すこともおこなわれた。それが一九八五年に発表された「柔道の道徳規範（code moral du judo）」である。

「コード・モラル」と呼ばれるこの行動規範は、「礼儀（politesse）：他者の尊重」「勇気（courage）：

正義にかなったことをする」「友情（amitié）：最も純粋な人間の感情」「誠（sincérité）：考えを偽ることなく自己を表現する」「名誉（honneur）：与えられた言葉に忠実であること」「謙虚（modestie）：うぬぼれずに自らについて話すこと」「尊敬（respect）：尊敬なくして信頼は生まれない」「自制（contrôle de soi）：怒りが生じたときに沈めることを知る」の八つからなり、ＦＦＪＤＡでは、これを尊重することが柔道を実践するうえでの基礎であり、根本条件であるとしている[43]。

コード・モラルは、もともと一九七〇年代に当時有段者会会長だったジャン＝リュシアン・ジャザランが示した柔道有段者たちの名誉規範と伝統的な道徳規範をもとにしている。ジャザランによれば、柔道有段者たちの規範は、新渡戸稲造の『武士道』で示された考え方から着想を得たものだという[44]。

そして、ジャザランが死去した一九八二年以降、そうした行動規範が「若き柔道家の素晴らしい教育装置になりうることを考え」たベルナール・ミドンは、コード・モラルの制定にとりかかった。ポイントは日本の考え方をもとにしながらも、現代的な西洋社会に適合させたことと、若者や子どもが理解できるように単純化させたことだった[45]。

当初はミドン個人によるローカルな取り組みだったが、フランスの新聞「ニース・マタン」やコートダジュール柔道リーグが宣伝したことでコード・モラルは大きく広がっていった。これをＦＦＪＤＡも支援するようになり、一九八六年のパリ・オープンで大々的に紹介された[46]。

現在、これらを書いたポスターはあらゆるクラブの壁に掲示されている。こうしてＦＦＪＤＡは柔道がもつ倫理的な価値をあえて明示的に定めることによって、競技偏重の結果、一九七〇年代後半から目立つようになった「柔道のブランドイメージの悪化」を改善し、「柔道＝教育的なスポーツ」としてのブランドイメージを普及させるのに成功したといえる。具体的な教育の方法と、教育に関する考え方という、実践と思想の両面から「教育的スポーツとしての柔道」はつくりあげられていった。[47] コード・モラルが制定された直後の八六年に、ＦＦＪＤＡの登録者数は四十万人を突破している。

一九九〇年代からＦＦＪＤＡはメディア戦略にも力を入れるようになった。九二年からは柔道を宣伝するテレビコマーシャルをプライムタイムに流すようになった。[48] また、子どもの写真を使ったポスターもつくり、全国各地に貼って宣伝をおこなった。教育的なスポーツとしての柔道のイメージをＰＲする目的である。ほかにも、ＦＦＪＤＡはフランスで最も人気があるコミック「アステリックス」のイメージを管理する会社と契約を結んだ。ワザアリックス（Waza-arix）というキャラクターを考案し、このキャラクターとともにコード・モラルの八つの道徳価値を描いたステッカーも作成された（図４）。

ジャン＝リュック・ルージェは一九九七年におこなわれたインタビューで次のように述べている。

柔道は単なる競技としてとらえられているのではなく、自己防衛やあるいは小さな子供にとっては教育的価値を持ったスポーツです。連盟ではそういった側面からマスコミ等を通じてプロモーション活動を行い、一般に関心を持たれるようになってきました。その結果〝競技人口〟ではなく、〝登録人口〟が増えているのでしょう。[49]

図4　Diplome Challenge Astérix/Waza-arix 89-90（筆者蔵）

一九九六年にＦＦＪＤＡの柔道登録者数は五十万人を突破し、現在に至るまでその数を維持し続けている。(50)

教育やレジャーとしての柔道をつくりあげて宣伝しながらも、柔道が社会で注目されるうえではオリンピックや世界選手権で代表選手が活躍することが最も重要だった。(51)こうしたなかで登場したのがダビド・ドゥイエだった。

一九九三年のハミルトン大会から九七年のパリ大会まで世界選手権を三連覇し、オリンピックでは九六年のアトランタ大会と二〇〇〇年のシドニー大会で二連覇を果たしたドゥイエは、一九九〇年代を代表するフランスの国民的スポーツ選手になった。

ドゥイエの金メダルを含めてアトランタオリンピックでフランス柔道代表は過去最多の三個の金メダルを獲得し、以降の世界大会では日本に次ぐ成績を維持している。一九九七年にパリで開催された世界選手権では、初めてブルー柔道衣が導入され、「みるスポーツ」としての柔道が新たな展開を迎えていた。

フランス柔道は、一九六〇年代に採用された「クーベルタン・ピラミッド」を乗り越えて、教育やレジャーといった「大衆化」と、競技力の「高度化」をそれぞれ別のベクトルで伸張させることに成功したといえるだろう。

このようにコード・モラルとフランス式柔道教育法がFFJDAによって制定されることで、現在まで続く教育的なスポーツとしての柔道がつくりあげられた。さらにその後、一九九〇年代のメディア戦略などによって、そのイメージがフランス社会に浸透していったのである。

最後に、このようにFFJDAがつくりあげていった柔道を、フランス柔道のパイオニアたちはどのように考えていたのかをみていきたい。

一九四三年の第一回フランス選手権王者になったジャン・ド・エルトゥは、二〇〇〇年におこなわれた対談のなかで、自らのクラブでは「十二歳以下の子どもをいまは受け入れていない」と述べ、子ども向けになっていくことで「柔道の未来が脅かされると確信している」とまで警告している。ド・エルトゥによれば「子どもたちは何よりもまず楽しまなくてはならない」のであり、「この年代に柔道で規律を教えること」は、子どもから「主体性や発見力を奪ってしまう」と考えられるのであった。[52] 彼にとって柔道は、厳格な規律のなかで大人向けに実践されるべきものだった。

また、一九四二年に川石酒造之助のもとで柔道を始めたマクシム・シャリエは、メディア向けの人気スポーツになった柔道について「一つの格闘スポーツになり、したがってそれはもはや〝柔道(LE judo)〟ではない」[53] と述べている。彼は「(柔道の)道徳的な規範は完全に忘れ去られて」いて、「それを掲げていても、実行していない」と嘆くが、これはコード・モラルについて指摘しているように思われる。

複雑なフランス柔道史のなかでＦＦＪＤＡは、実践と思想の両面で「教育としての柔道」をつくりあげてきた。だが、これはフランス柔道の実態に応じてＦＦＪＤＡがその外観を整えたにすぎず、教育的な柔道の中身や効果については、柔道実践の現場を参照する以外に方法はない。また、子どもだけが柔道を実践しているわけではないし、「教育」はフランス柔道の一側面でしかないだろう。現在もフランス柔道は多様に変化し続けている。

おわりに

以上みてきたように、一九七〇年代以降、フランスの柔道人口構造が若年化していくなか、実態に応えるようにＦＦＪＤＡは子どもの教育としての柔道をつくりあげていった。その教育としての柔道は、フランス式柔道教育法というプログラムと、コード・モラルという教育思想的な倫理規範の二本立てで形成されてきた。フランス式は、それ以前の川石式や上達法のように技術の上達とそれに応じた色帯のシステムを保持しながらも、子どもの発達・発育段階に応じた身体的・心理的・社会的な教育プログラムを構成した。また、コード・モラルでは柔道家として守るべき八つの行動規範を明示した。

こうしてフランスで柔道は、ＦＦＪＤＡ独自の方法で一九八〇年代から九〇年代にかけて「教育

表1　フランス柔道略年表（筆者作成）

年	出来事
1936年	フランス柔術クラブ設立。
1943年	第1回フランス柔道選手権開催。
1946年	フランス柔道柔術連盟（FFJJJ）設立。
1951年	国際柔道連盟（IJF）設立。
1956年	新たなフランス柔道連盟（FFJDA）設立。
1956年	第1回世界選手権が東京で開催。
1961年	第3回世界選手権がパリで開催。
1964年	東京オリンピックで柔道競技実施。
1967年	FFJDA がフランス式柔道上達法発表。
1971年	パリでフランス国際（現グランドスラム・パリ）を開催。
1973年	FFJDA 登録者数が30万人を超える。
1975年	ウィーン世界選手権で、ジャン＝リュック・ルージェがフランス代表として初めて優勝。
1977年	FFJDA が『6—9歳の教育的アプローチ』を出版。
1980年	FFJDA が『13—15歳の柔道』を出版。
1980年	モスクワオリンピックでアンジェロ・パリジがフランス代表として初めて金メダルを獲得。
1985年	FFJDA がコード・モラル制定。
1986年	FFJDA 登録者数が40万人を超える。
1990年	FFJDA がフランス式柔道教育法を発表。
1996年	FFJDA 登録者数が50万人を超える。

的なスポーツ」としてのイメージをまとうようになっていった。それは、競技や教育、レジャーなど、スポーツに求められる価値を、需要に応えるようにバランスよく包含してきたＦＦＪＤＡの試行錯誤の一つの成果だったといえる。近年になって注目されているスポーツの価値が「健康」であるなら、第１章「二つの柔道場からみるフランス柔道」（星野映／磯直樹）で示した柔道タイソウは、こうした新しい流れを巧みに取り込む「フランス柔道らしさ」を示すものであるといえるのではないだろうか。

注

（１）*Judo*, No. 159, mai 1971, p. 16.
（２）*Ibid.*
（３）*Ibid.*
（４）Haimo Groenen, « La promotion d'un judo éducatif par la fédération française de judo entre 1968 et 1990: Le rôle des méthode d'enseignement fédérales », in Jean-François Loudcher et Jean-nicolas Renaud, *Éducation, sports de combat et arts martiaux*, Presses Universitaires de Grenoble, 2011, p. 155.
（５）Paul Bonét-Maury et Henri Courtine, *Le Judo*, 2e édition, Presses Universitaires de France, 1975, p. 46.
（６）Groenen, op. cit., p. 156.

(7) Ibid., pp.156-157.

(8) Matthieu Delalandre et François Bedaux, « Devenir éducateur sportif en judo: diplômes et formations », in Bernardeau-Moreau Denis et Collinet Cécile (dir.), *Les Educateurs sportifs en France depuis 1945: Questions sur la professionnalisation,* PUR, 2009.

(9) Ibid. また、上級は講習会の運営やトップ選手の発掘・育成の展望などを論述し口頭発表する、より専門的な試験になった。

(10) Michel Brousse, *Le Judo: son histoire, ses succès,* Éditions Liber, 1996, p. 164.

(11) Michaël Attali, « L'explosion des pratiques sportives: massification, diversification, différenciation (des années 1970 à nos jours) », in Philippe Tétart (dir.), *Histoire du sport en France: De la Libération à nos jours,* Éditions Vuibert, 2007, p. 71.

(12) J.-M. Ficheux, « Judo, sport féminin ? », *Judo,* No. 66, mai 1957, p. 17.

(13) Brousse, *op. cit.,* pp. 163-164.

(14) P. Martel, « Le judo feminin s'organise... », *Judo,* No. 155, janvier 1971, p. 6.

(15) Brousse, *op. cit.,* p. 164.

(16) *Ibid.,* p. 166.

(17) Michel Brousse and David Matsumoto, *Judo: A Sport And A Way Of Life,* International Judo Federation, 1999, p. 128.

(18) *Ibid.,* pp. 128-129.

(19) Brousse, *op. cit.,* p. 152.

(20) *Ibid.,* p. 152.

(21) J.-F. Agogué, « LA RELEVE SEMBLE ASSURE », *Judo, nouvelle serie*, No. 27, decembre 1975, pp. 8-11.

(22) « Mario Kiavue », *JudoInside.com.* (https://www.judoinside.com/judoka/5148/Mario_Kiavue/judo-career)［二〇二一年十二月三十一日アクセス］

(23) Jean-Clande Brondani, « ESPRIT ES-TV ...LAS? », *Judo, nouvelle serie*, No. 8, juillet-août 1977, pp. 4-5.

(24) Ibid., p. 3.

(25) Groenen, op. cit., p. 162.

(26) Ibid., p. 160.

(27) Michaël Attali, *op. cit.*, pp. 66-73.

(28) Kim Min-Ho, *L'origine et le développement des arts martiaux: Pour une anthropologie des techniques du corps*, L'Harmattan, 1999, pp. 202-203.

(29) Samuel Julhe, « Les pratiques martiales japonaises en France: Institutionnalisation des disciplines et professionnalisation de l'enseignement », *Actes de la recherche en sciences sociales*, No. 179, 2009, pp.103-104. 現在のＦＦＪＤＡは、「柔道柔術」「剣道」「なぎなた」「杖道」「居合道」「弓道」「スポーツチャンバラ」を管轄している。

(30) Groenen, op. cit., p. 160.

(31) Ibid., p. 163.

(32) Ibid., p. 154.

(33) « l'assemblée générale », *Judo, nouvelle serie*, No. 8, juillet-août 1977, p. 27.

（34）H. Courtine, « JUDO...TOUS AZIMUTS », *Judo, nouvelle serie,* No. 13, mars 1978, p. 3.

（35）Groenen, op. cit., p. 164.

（36）Delalandre et Bedaux, op. cit.

（37）Ibid., p. 158.

（38）Fédération Francaise de Judo, *Méthode pédagogique en Judo,* 4 Trainer Editions, 2014, p. 13.

（39）*Ibid.*, p. 11.

（40）*Ibid.*, p. 11.

（41）*Ibid.*, p. 17.

（42）*Ibid.*

（43）« Les valeurs et la culture judo », Fédération Francaise de Judo.（https://www.ffjudo.com/les-valeurs）［二〇二二年十二月三十一日アクセス］

（44）Fédération française de judo, *Shin: Éthique et tradition dans l'enseignement du judo,* Budo Éditions, 2008, p. 25.

（45）*Ibid.*, pp. 25-26.

（46）さらに近年では、フランスで考案されたコード・モラルは、国際柔道連盟でも柔道が有する道徳的価値を端的に表しているものとして導入している。これはＩＪＦが教育としての柔道を推進するためにおこなっているさまざまな取り組みの一環として捉えることができる。Michel Brousse, "The Judo Moral Code or the Western "Re-Japanisation" of Modern Judo," IJF Academy Foundation, *The Arts and Sciences of Judo,* Volume 1, No. 1, 2021, pp. 21-29.

（47）Grégory Martin, « Essai sur les territoires du judo en France », *Thèse doctorat de l'université de*

Bordeaux, 21 juillet 2011, p. 79.

(48) Brousse, *op. cit.*, p. 181.

(49)「〝世界一〟の柔道人気国 France［特集］」「近代柔道」一九九七年十二月号、ベースボール・マガジン社、一五—二三ページ

(50) 最大値は二〇一二—一三年シーズンで、登録者数人口は六十万人を超えた。ＦＦＪＤＡのウェブサイト « La fédération en chiffres » (https://www.ffjudo.com/la-federation-en-chiffres) から、« Comptage de la fédération » をクリックすると、シーズンごとの登録者数を閲覧できる［二〇二一年十二月三十日アクセス］。

(51) Groenen, op. cit., p. 165.

(52) « Jean de Herde » in Claude Thibault, *Entretiens avec les pionniers du jud français*, Editions Résidence, 2000, p. 117.

(53) « Maxime Chalier » in Thibault, *op. cit.*, pp. 69-70.

第3部　フランス柔道の教育観
——日本柔道との比較を通じて

第8章　日本の伝統文化と柔道教育の矛盾

有山篤利

1　問われる柔道教育の存在意義

柔道と学校教育の出合い

日本人には、個性というものがないとか、日本人の個性には、ある限界があるとか、心理学者がいかにその説を立てようとも、いやしくも一個の国家としては、日本は西欧の国家なんぞよりも、はるかに強大な個性をもっていることは、問題の余地がない(1)。

明治の文豪ラフカディオ・ハーン（小泉八雲）は、著書のなかで日本という国をこのように評した。さらにハーンは、その個性の源がわが国の柔術の「わざ」を生成する理論に秘められていると主張し、次のように述べている。

柔術というものの真の驚異は、その道の名人師範の最高の腕前にあるのではなくて、じつは、そのわざ全体にあらわれている、東洋独自の観念にあるということに気づかれたことだろうと思う。力に手向かうに力をもってせず、そのかわりに、敵の攻撃する力をみちびき、利用して、――いったい、こんな奇妙な教えを編みだしたものが、いままで西洋人のうちに、ひとりでもあっただろうか？(2)

あの驚くべき国技、柔術によって、日本はこんにちまで自国を守りつづけてきたのだ。いや、現在も守りつづけつつあるのである。(3)

これらの考察は、ハーンが直接見聞きした熊本の旧制第五高等学校での嘉納治五郎の柔道指導に基づくものである。ハーンは、一八九〇年に来日したのち島根県尋常中学校の教員を経て、九一年に五高の英語教師として赴任している。このとき着任するハーンを熊本駅（春日駅）に出迎えたのが、当時、五高の校長だった嘉納治五郎であった。(4)

かの文豪は、国家の制度や社会の文物を西洋由来のものに過激にアップデートしながら、日常の慣行や暮らしぶりなどの生活のデフォルトは昔のままという日本人のありように驚嘆し、その矛盾を平然とこなす国民性に西洋と隔絶された個性を見いだしているのである。そして、この驚くべき離れ業を可能にする原動力が、相手の力を自らの技に転化するという柔術の極意にみられ、そのような特異な個性が日本人のなかに身体化され、文化的スペックとして日本社会に標準装備されているというのがハーンの推論である。この文化的スペックが、嘉納治五郎という思想家・教育者によって、学校教育の場で柔道という身体運動文化を通して浸透していく現実に驚きをもって記録されたのが、前述の著述であろう。

嘉納治五郎は、古来の柔術のなかに近代的な教育価値を見いだし、「体育・勝負・修身」という三つの観点で再構成することによって講道館柔道を編み出した。[5] そのうえで教育者としてのキャリアを生かして、柔道とともに自らの思想を普及する場として学校を最大限に活用していった。以来、柔道は、学校教育における部活動と体育授業が二本の柱となって広く国民に認知されるようになっていく。競技スポーツの一つとして、テレビや新聞、インターネットなど多くのメディアを通じて柔道大会を目にするようになった現代でも、この二つが、多くの日本人にとって柔道にダイレクトに向き合う機会であることには変わりがない。

日本型スポーツと柔道教育に向けられた問いかけ

講道館柔道がそうだったように、わが国のスポーツは明治期の導入以来、一貫して学校教育に依存しながら発展してきた。近代スポーツは、明治初めに招聘外国人教師らによってわが国に紹介され、その後、東京大学をはじめとする高等教育機関の部活動として盛んになり、やがて小・中学校へと普及していった。[6] わが国のスポーツは、さまざまな紆余曲折があったとしても常に学校教育すなわち体育を通じて提供され、両者は不可分のものとしてその区別が意識されることはなかった。学校スポーツの延長上に、プロ選手やオリンピアンなどが活躍するトップスポーツが存在するというのが、典型的な日本型のスポーツである。(7)ドイツ在住のジャーナリスト高松平蔵は、これをカッコウの托卵になぞらえて「日本型スポーツの托卵モデル」(8)と名づけている。このようなスポーツ環境のもと、教科体育は各種スポーツの紹介と普及の場として、そして運動部活動は選手育成の基盤として認識され続けてきたのである。

例えば、二〇二〇年の春、新型コロナウイルス感染症の大流行によって全国のほとんどの学校が休校措置をとった。運動部活動は停止し、春夏の甲子園の高校野球大会や全国中学校体育大会、全国高等学校総合体育大会なども中止されたのだが、その結果、青少年アスリートの多くが人生の目標を失ったかのような喪失感を訴えたのである。(9)これは、現代でも学校という場の消失が即スポーツ活動の停止につながることを端的に示していて、明治以来日本のスポーツが学校教育に依存し続け、現在もなんら変わりがないことを証明している。そして、柔道はまさにこの日本的スポーツの典型なのである。学校で育った優秀な柔道選手だけが企業や警察に刈り取られ、その選に漏れた者の多くが、柔道部活動からの「引退」＝実践からの離脱となってしまうのは、わが国の柔道愛好者の典型的なストーリーではないだろうか。

しかし、教科体育や運動部活動はあくまでも学校の教育活動であるということに、いま、私たちは気づかなければならない。体育にとってスポーツをすることはあくまでも教育目的を達成するための手段であり、プレーそのものや競って勝つことは究極の目的ではない。体育とスポーツは異なる概念であり、両者には相いれない性格も多分にある。二〇一七年改訂の学習指導要領総則には、体育の指導のねらいは「心身ともに健康で安全な生活と豊かなスポーツライフの実現」とあり、このねらいの達成に向けて、「運動部活動などの教育課程外の学校教育活動などを相互に関連させながら、学校教育活動全体として効果的に取り組む[10]」ことが明記されている。いま、学校体育をめぐっては、ブラック部活という言葉に象徴されるように、運動部の勝利至上主義や体罰・パワーハラスメント、教員の労働問題などが指摘されているが、その根本には、この体育とスポーツの概念をめぐるねじれが存在する。

さらに、この問題は運動部活動にとどまらず、教科体育としての柔道教育にも大きな課題を投げかけている。いまや、体育学習はスポーツ技能の習得にとどまるものではなくなった。体育とスポーツの区別の必要性は、学習内容の問題として顕在化している。柔道授業であれば、基本動作を学び、受け身を身につけ、投げ技を習得し試合に至るという競技スポーツのダイジェスト版のようなこれまでの授業内容には、厳しい批判の目が向けられるようになっているのである[11]。柔道が広く普及した現代で、投げ技や固め技の習熟に限れば、体育教員以上にすぐれた技量を有する者は地域に豊富に存在する。極端なことをいえば、現代は「先生よりもうちのお父さんのほうが柔道のやり方をじょうずに教えてくれる」時代なのである。すでに教科体育では、柔道を生徒に紹介し経験させることが求められる時代は終わった。いまは、競技スポーツの指導とは区別された「体育としての柔道教育」が求められている。ここで教育としての柔道が向き合わなければならない問いは、「なぜ体育として学ぶ必要があるのか」であり、それは「柔道で何を学ぶのか」という根本的な命題に直結する。柔道は、体育教材としてどのような教育的意義を提示するのか。いま、柔道教育には、嘉納が提示した「体育・勝負・修身」という価値におさまらない新たな内容が求められているのである。

体育教材としての柔道の現代的意義

学校教育には、常に時代に応じた価値観に基づくことが期待されている。したがって、いま、柔道がなぜ体育という教科に必要な教材であるのか、柔道の教育的意義は何なのか、そうした問いの答えも現代社会の様相との関連のなかで提示されなければならない。

現代社会は、急速なＩＴ革命とそれに伴う過激な情報化の進行によって特徴づけられるという側面がある。デヴィッド・ハーヴェイは、情報伝達の時間の短縮によって空間が絶滅していく過程を、「時間と空間の圧縮」という言葉で表している。[12] この急速な情報化社会の到来は、世界史における大航海時代にみられるような旧来のグローバリズムの様相を劇的に変容させた。いまや、グローバリゼーションは、一昔前の人の往来を伴う局地的で緩やかなものから、ネット空間を介し瞬時で地球規模をカバーするものへと変わったのである。

このような変化が私たちの生活にもたらす影響として、多文化化や複文化化というものがある。日本的な文化様式で暮らしているつもりの私たちの生活は、実は多様な文化によって彩られている。そしてそれは、私たち自身が、常に複文化的な存在として生きなければならないことを意味している。朝は焼き魚と白米と味噌汁、昼はパスタ、夜はカレーライス。クリスマスやハロウィーンで騒ぐかと思えば、お正月は神社仏閣に初詣にいく。しかも、その暦自体は西洋からもたらされた太陽暦に従っている。私たちは、確かに日本で暮らしてはいるが、それはどこの国の文化を背負った生活なのか。

しかし、ここで重要なのはこのような生活上の矛盾ではない。重要なのは、グローバリゼーションが虚構や仮想現実に依拠する世界だということである。グローバルな世界には、特定の民族の歴史や生活などの実体は存在しない。とりわけ、現代のグローバリゼーションはネットというバーチャル空間で完結してしまう。結局のところ、グローバルな世界とはローカルな事物を寄せ集め、それらの相互比較によって描かれるイメージ空間にすぎないのである。スチュアート・ホールがこのような指摘をしている。「エスニシティというのは、そこから人々が発言するために必要な場所ないし空間である(13)」

言語や社会的価値観、信仰や生活の慣習などの文化的特性を共有する集団における帰属意識やアイデンティティをエスニシティと呼ぶが、この指摘は自らのなかにエスニシティという物差しを確立していない者に、グローバルな世界の本質は理解できないことを示唆している。そして武道は、自らのエスニシティを自覚させるような文化的特性を豊富に含んだ身体運動文化である。

「武道は、日本古来の尚武の精神に由来し、長い歴史と社会の変遷を経て、術から道へと発展した伝統文化である(14)」。これは、日本武道協会が制定した武道憲章前文の抜粋であり、武道が日本の歴史と社会というゆりかごのなかで成立し、日本文化の遺伝子を継承していることを高らかに宣言している。ここに、グローバル時代の柔道の教育的意義が認められる。それは、スポーツ文化を通したローカル軸の自覚、すなわち多様な異文化との比較考量基準の獲得である。それらは伝統を称賛するだけの古い日本に閉じられた学習を意味しない。グローバルな時代を生き抜くためのプラットフォームとして、未来に開かれた学習でなければならない。

しかし、ここで障壁になるのが、現代の日本柔道がすでにハイブリッドな文化になっている点である。柔道は近代にふさわしい格闘スポーツでありながら、伝統的な日本を象徴するという矛盾のうえに成立していて、グローバルとローカルの葛藤を抱え込みながら発展してきた武道種目である。そして、オリンピックスポーツとして確固たる地位を築いた現代、この二つの立場はますます混然一体となっている。したがって、わが国の柔道教育を考える場合、伝統と近代の切り分けをどのように把握するのか、柔道の技能や思想の何をもって日本オリジナルであると主張するのか、いま一度冷静に検討する必要がある。それは、世界に普及したＪＵＤＯではない講道館柔道の実相への問いかけに通じるものである。

2　現代の武道教育の矛盾

学校武道復活に向けたレトリック

現在の武道種目は、中学・高校の学習指導要領のなかで、何のためらいもなく自国の伝統文化を学ぶ体育教材として位置づけられている。しかし、現代的に競技化された柔道を、何の疑問ももたずにわが国の伝統を継承する教材と見なしてしまっていいのだろうか。まずは、そのことから問うてみたい。

柔道が、学校教育と強く結び付きながら発展し、広く国民に認知されるようになったことは先に述べたとおりである。しかし、このような柔道の普及過程は、常に順風満帆だったわけではない。課外活動としての柔道は早くから全国の学校に根付き、学校対抗試合なども盛んにおこなわれるようになっていくが、柔道が正課カリキュラム、いわゆる体育授業に導入されるのは一九一一年の中学校令施行規則の改正まで待たなければならなかった⑮。

その後、最大の危機が、第二次世界大戦直後のGHQ（連合国軍総司令部）による学校武道の禁止によって訪れた。GHQは、柔道を含めた武道種目を軍国主義的な教育に加担した軍事技術（military arts）と断定したのである。そのため、一九四五年、学校での武道は、GHQの意を受けた文部省（現・文部科学省）によって、体育だけでなく正課外での活動も禁止されたのだった。これに対し、武道の関係者はGHQと文部省に積極的に復活に向けたはたらきかけをおこなったのだが、その際に強調されたのが、「柔道は嘉納治五郎によってすでにその本質は体育的、スポーツ的に定義されていて、軍国主義的色彩は、戦時中強制的に付着された」というレトリックであるという⑯。訴えのなかでは、嘉納柔道が内包していた「平和思想」と「スポーツ性」が強調されたが、それは、「武道は純粋な競技スポーツとして行なわれるべき」というGHQからの強い要請に基づくものであり、いわば便法としての競技スポーツ性の強調であった⑰。

このようにして、一九五〇年、巧みなレトリックを用いてGHQの許可を得た文部省によって学校柔道は解禁された。その後、長らく武道は格闘技を意味する「格技」という名称で教科体育の教材に取り入れられ、八九年の学習指導要領改訂で、自国の伝統性を全面に打ち出した「武道」という名称に変更された。[18] 柔道や剣道は伝統的な身体運動文化として完全に復活したのである。さらに二〇〇八年には、伝統と文化の尊重を重視する新しい教育基本法のもと、中学校の体育授業にいわゆる「武道必修化」が盛り込まれ、柔道や剣道はグローバル時代の「自国の伝統を学ぶ重要な教材」として位置づけられて現在に至っている。[19]

このことについて、フランス文学者であり武道家でもある内田樹は、次のように手厳しく批判している。

武道の禁止はもちろんGHQが命じたものである。けれども、学校体育における武道の禁止について、これを公的に発令したのは文部省であるという歴史的事実は忘れるべきではない。私たちは戦後、強制下であったとはいえ、一度は「伝統的」な身体文化の扼殺に同意したのである。

（略）

もし、必修化が伝統文化の継承を意味するのだとしたら、どこかで教育行政はGHQになした約束を公的に破棄し、武道とはこれこれのものであるという再定義を国民に公表していなければならない。（略）。しかし、私の知る限り、日本の政府はそのような宣言を行なっていない。[20]

内田が指摘するように、柔道はいったん武技・武芸から連なる伝統性を意図的に断ち切ることによって、民主的スポーツとして体育教材に復活したのである。GHQに対し、「武道は近代スポーツ」であるというレトリックを仕掛けることによって、武道は学校体育への復活を許された。しかし、このレトリックを撤回したり訂正したりすることがないまま、いつの間にか武道は近代スポーツとは区別された伝統文化として、なし崩し的に体育授業に復活している。

再度確認しておこう。現在の武道授業は、あくまでも欧米型の近代競技スポーツとして復活を遂げていて、それがわが国の伝統を継承する武道だったという証明はなされていないのである。わが国の武道教育について検討するためには、まず、この事実にしっかり向き合うことを出発点にしなければならない。

学習指導要領における武道教育への疑問

二〇一七年に告示された現在の中学校学習指導要領解説（保健体育編）には、「武道は、武技、武術などから発生した我が国固有の文化[21]」であると明記されている。しかし、現在の体育授業でおこなわれている武道教育は、公式には伝統とのつながりを再定義することなく、なし崩し的に伝統文化を標榜したものだった。そして、この矛盾を糊塗し道理に合わない部分をつなぎ合わせるために利用されたのが、古来の武術が有していた修養主義的な性格である。

江戸時代に完成されたわが国の武技・武芸には、技の修行と結び付いた心の修養に理想的境地を見いだすという大きな特徴があった。[22]これを、一般に武道の修養主義という。しかし、一九八九年に復活した「武道」の修養主義は、「礼法」という伝統的行動様式を前面に押し出しながら、その内実は近代的で汎用的な道徳教育に巧みにすり替えられていた。それは、現在の中学校学習指導要領にも踏襲されていて、伝統に関する記述は以下のように示されている。

武道は、単に試合の勝敗を目指すだけではなく、技能の習得などを通して、人間形成を図るという考え方があることを理解できるようにする。例えば、武道は、相手を尊重する礼の考え方から受け身を取りやすいように相手を投げたり、勝敗が決まった後でも、相手に配慮して感情の表出を控えたりするなどの考え方があることを理解できるようにする。(23)

武道は、相手と直接的に攻防し互いに高め合う特徴があるため、「礼に始まり礼に終わる」といわれるように、相手を尊重し合うための独自の作法、所作を守ることに取り組もうとすることを示している。そのため、伝統的な行動の仕方を守ることで、自分で自分を律する克己の心に触れることにつながることを理解し、取り組めるようにする。

なお、伝統的な行動の仕方の指導については、単に形の指導に終わるのではなく、相手を尊重する気持ちを込めて行うことが大切であることに留意する。(24)

この記述をそのまま解釈するならば、武道の伝統に関する学習は、相手への尊敬や克己心（自分に打ち勝つ心）を養い、礼儀作法を守ったり勝っても感情を自制したりするなどの行動ができるようになること、となる。つまり、武道の伝統である修養主義は、尊敬や克己心などの道徳的価値の習得が、「礼法」という伝統的行動様式に集約させる形で表現されているのである。しかし、よく考えてみれば尊敬や克己心などの道徳的価値に、はたして日本オリジナルといえるほどの固有性があるものだろうか。むしろこれらは世界共通の汎用的な道徳的価値であり、いわゆるスポーツマンシップに関連するものとして、ほかの種目でも指導可能な内容である。独自の作法とされている礼法についても、これではスポーツマンシップの表象にすぎず、結果として、試合前後の形式的なお辞儀の励行にとどまっているのが現実の姿である。さらにいうならば、球技では試合前後に相手をたたえて握手をするし、日本であれば陸上選手は競技場に向かって頭を下げている。試合前のお辞儀とこれらの行為はどこが異なるというのだろう。格技から武道への名称変更時に文部省の調査官を務めていた杉山重利も、武道領域で示されているこれらの道徳的価値が競技スポーツ全般で重視されているマナーであり、「武道による教育では、これ以外の或いはこれ以上のものを武道固有の内容として明らかにする必要がある」[25]と述べている。

このように、わが国の武道教育では、自ら断ち切った伝統とのつながりを復活させるために、そのよりどころを古来の修養主義的性格に求めた。しかし、その修養主義で求められる価値観の内実は、武道の固有性をスポーツマンシップや近代的な道徳的価値に巧みにすり替えたものであり、伝統性を主張するための予定調和の産物だったといえば言い過ぎだろうか。

武道教育のオリジナリティーの探求

昨今の武道教育では、重大な柔道事故の発生が話題になった二〇一〇年以来、「いかに安全を担保しつつ効果的に技の定着を図るか」が大きな研究テーマになってきた。そのために、課題解決的な学習が試みられたり、ＩＣＴ（情報通信技術）機器を取り入れた効果的な指導プログラムが提案されたりしてきた。確かに、これらの探求も武道教育の推進にとっては重要なことではあるが、いま、武道教育に求められているのは、グローバリゼーションの時代における伝統文化としての存在意義を示すことである。そのためには、武道が自ら武芸から継承してきた伝統にいったんは断絶を宣言したという事実に誠実に向き合うとともに、その再定義をおこなう必要がある。先に述べたように、わが国での現代武道教育の意義は、自国のオリジナリティーの確認による異文化との比較考量基準の獲得にあり、それを世界共通の汎用的な道徳的価値の獲得や、スポーツマンシップの表れとしてのお辞儀の励行でごまかしてはならない。

いま、日本の武道教育に求められているのは、過去に用いられたレトリックやステレオタイプの言説を客観的な視点で検討し直し、武道の真のオリジナリティーを探究することである。具体的には、武道の「伝統＝道徳心の涵養＝礼法」というこれまでのステレオタイプの言説をいったん留保し、欧米のスポーツとの相対化を試みなければならない。そのためには、現在すでに想定されている柔道学習の指導をどのように工夫するのかという、「How to」の視座の設定はふさわしくない。もちろん、安全な指導方法や先進的な学習プログラムの導入は重要である。しかし、なぜ武道が伝統文化といえるのか、そもそも武道教育の何がほかのスポーツ教育と異なる立ち位置を担保しているのか。いま、必要なのは「Why、What」という問いかけだろう。

国威発揚や誤った愛国主義に利用された過去を自戒しながら、欧米のスポーツ教育と区別された武道教育のオリジナリティー、柔道であるならば、ＪＵＤＯと講道館柔道の違いはどこにあるのかという問いに対し、これまでのレトリックを排して真摯に対峙しなければならない。

3　柔道教育のオリジナリティー

「道」における「わざ」と「心」

武道に内包された教育的価値を考える際に、古来の武芸から受け継いできた修養主義的な性格が重要になることは間違いない。武道が、武芸と呼ばれていた時代から、技の修練は心の修練と密接に関わっていた。寒川恒夫は、戦闘技術の向上に禅や道教の心の修養が密接に結び付いた江戸時代の武術を「心法武術」と名づけ、それは「敵をみごとに殺す技術の習得と発現に禅仏教や道教の心の修養を導入したところに成立した」[26]と述べている。

寒川がいう「心法武術」の技は修行者の心のあり方を投影した動きであり、それは、個人の経験としての運動技術（skill）やバイオメカニクス的な運動技術（technic）の範疇にはおさまりきらないものである。これを、金子明友は、「ある特定の個人に発生した実践知」が「地域を越え、国境を越え、さらに時代を超えて伝承した」動きの型であり、「社会的、文化的な影響を色濃く残している習慣的な動作としてのハビトゥスの問題を抱えながら、地域や民族に密着したいろいろの運動のかたち」[27]（傍点は原文）と表現している。また、生田久美子は、この武道や伝統芸道にみられる技を、「優先的に身体技能の訓練を中心に展開していると見なされているにもかかわらず、実際は単なる身体技術あるいは身体技能の習得および教授を超えた」[28]世界を含むものとして、「わざ」という平仮名表記で表している。本章でもこの生田の表記にならい、心の問題と一体になった技の世界を「わざ」と表記することにする。

武道では、心の修養は「わざ」の錬磨によって達成される。両者は表裏一体の存在であり、心の修養はあくまでも「わざ」の世界を舞台に繰り広げられる。武道の正しい「わざ」は心によって意味づけられ、正しい心は「わざ」の質によって証明されなければならない。このような「わざ」そのものに教育的価値を見いだす特徴的な技術観は、古来、「事理一体（事理一致）」と呼ばれている。事は「わざ」を指し、理とは形あるものに不変の秩序を与える形而上の原理を意味する。[29]わが国の伝統的な武道では、形而下の「わざ」を生成する原理の延長上に、世の中のすべてを包み込む形而上の原理が存在し、両者には通底する真理があると考える。そして、このような「わざ」の習練によって人格陶冶を達成する営みを、私たちは古来、「道」と呼ぶ。したがってわが国では、ボールの扱いも、お茶のたて方も、あまたの職人技も、すべて「わざ」の習練を伴う活動は「道」へとつながる。

このような論理は私たちにとってあまりにも当たり前で、普段はその特殊さに気づくことはほとんどないが、日常を注意深く観察すればふとした出来事に垣間見えることがある。二〇一八年、横綱白鵬の荒っぽい「かちあげ」や「張り差し」を多用する立ち合いに関して、「横綱の品格を汚す」という批判が巻き起こった。[30] このときには、競技ルールでは認められた「わざ」の荒っぽさが、横綱の品格という「心」の問題に転嫁され非難された。また、このような事例もある。不注意な会食によって新型コロナウイルスに感染した阪神タイガースの選手が、完治後の談話で「(今回の軽率な行為は)グラウンドで取り返していく[31]」と語った。ここでは白鵬の場合とは逆に、生活態度という「心」の問題が「わざ」に転嫁された。

わが国では「心」と「わざ」は分かち難い傾向にあり、それは、欧米的な教育の考え方によればまったくつじつまの合わない論理であるかもしれない。しかし、現在の武道教育のなかに、それは「わざの錬磨によって人格が陶冶される」という特徴的な教育観として継承されている。わが国の武道のなかでは、真理としての「心」へ至る道程は、あくまでも「わざ」の追求によって達成されると考えられている。「わざ」を究めるとは「心」を究めることであり、武道での理想の動きは、日常生活で道徳的に洗練された振る舞いとして具現化されなければならないのである。

講道館柔道にみる事理一体

事理一体という価値観に支えられたわが国の武道だが、「術」から「道」を唱えた嘉納治五郎はこれをどう解釈し、柔道のなかに位置づけたのだろうか。つまり、形而下の柔道の「わざ」を規定するための形而上の原理をどのように捉えたかである。

嘉納は自身の柔道について、「武術と体育を兼ね備えた一種の練習によって、心身の力を最も有効に使用する方法を覚え、そこから自然にそれを人事万般のことに応用する仕方を覚えるのである」[32]と解説している。これは、柔道の目的が、格闘の稽古を通して得られる「わざ」の理合いを、日常生活の営みを円滑にするための秘訣として活用することにあるという意味であり、有名な「精力善用」「自他共栄」はこれを簡潔に表現した言葉である。しかし、この主張には一つの前提がある。それは、相手を制する必勝の原理と、日常生活を円滑に生き抜く原理には通底するものがあるということである。

ここで問題になるのが、円滑な日常を送るための原理に転移可能な必勝の原理の中身だろう。先の嘉納の解説によれば、それは「精力善用＝心身の力を最も有効に使用する」ということになるのだが、これではあまりに漠然としている。嘉納は「精力善用・自他共栄」という言葉を提唱する以前に、自らの術の理合いをこのように説明している。

> 柔道は柔の理を応用して対手を制御する術を練習し、またその理論を講究するものにして（略）柔の理とは対手が力を用いて攻撃し来る場合我はこれに反抗せず、柔に対手の力に順応して動作し、これを利用して勝ちを制する理合いをいう。[33]

柔の理とは、伝統的な武術が理想としてきた剛なるものよりも柔なるものを優先する戦い方であり、一般にいわれる「柔よく剛を制す」動きを体現する戦術原理である。そのエッセンスは、「充実した力の衝突の回避を旨として、状況にあった臨機応変自在な変化をする」[34]ことにある。武道では「押されたら引く、引かれたら押す」ことをよしとするが、それは実践的な勝負の場で「押されたらよりパワフルに押し返す」ことが誤った戦術であることを意味しない。大きな力のぶつかり合いを避けて省エネに徹し、効率のいい戦い方をよしとする、あくまでも武道に共通する美意識なのである。

嘉納は、のちに受動的な戦術である柔の理に対し、自発的な攻撃原理としての欠点を見いだし、「精力善用」という言葉を創造するが、嘉納は柔の理を否定したわけではない。籔根敏和らは、「今日、講道館柔道の原理は「精力善用・自他共栄」であり、「柔の理」はその中に包み込まれた形であるが、その中核をなす思想であることにかわりはない[35]」と述べている。寒川恒夫も「「柔の理」は柔道を柔道たらしめる概念である。より正確に言えば、明治年間の柔道を唯一支えた概念であった[36]」と指摘している。嘉納は柔の理を否定して新たな原理を提唱したのではなく、近代スポーツに適合するように科学的な視点で柔の理の再定義を試み、「精力善用」という言葉にリファインして提示したのである。そのうえで、この柔道の必勝の原理は日常生活の課題解決の原理にも転用可能であるとして、「自他共栄」という言葉を導くのである。嘉納はこのようにいう。

衝突すれば互いの損失であるが、譲り合えば互いの利益になる。集団の各員が相助相譲すれば、集団は融和強調して、あたかも一人のごとく活動することが出来、したがって集団はあたかも個人のごとく精力を最善に活用することが出来るのである。[37]

この嘉納の思想について、樋口聡はこのように解説する。

柔道の目指すところは最大効果と相互複利の原理を尊重する精神の育成であり、その道徳的側面についてもルールやエチケットの遵守やフェアプレイといったことを意味しているのではなく、人間関係の諍いなどは不必要な労力の消費であり、最大効果の原理に反することを学ぶことにある(38)。

結局のところ、嘉納が創始した講道館柔道の「わざ」の要点は、他者とのぶつかり合いを避けながら相手の力を利用することにあるが、それは力学や解剖学などの近代科学の視点を取り入れて再構築された「柔の理」である。そして、この「柔よく剛を制す」動きである「わざ」の習練を通して身体化した原理を、柔らかな対応によって人と人が協調しながら調和ある世界を築くという社会の課題解決原理にアナロゴンのように転化させるという理路が、教育としての講道館柔道の本義であり嘉納の理想とした事理一体の姿である。

スポーツ教育と武道教育の違い

ここまで、嘉納治五郎が構想した柔道教育について、事理一体という特徴的な考え方を中心に考察してきた。わが国の武術の根底には、「わざ」の極意のなかに世の中のすべてを包み込む形而上の原理が存在するという考え方があり、最終的には安寧盤石な心の世界に至ることを理想としながら、それに至る手段はひたすら闘いの「わざ」の錬磨に向けられるという特徴があった。嘉納が

「精力善用」「自他共栄」という言葉で表した柔道教育も、この伝統的な心身合一論的な考え方の延長上に構築されている。嘉納の独自性は、古流柔術にあった神秘主義を排し、近代的な学校教育に適合するように、古流柔術を合理的で科学的な教育体系である講道館柔道として再構成した点にある。しかし、それでも嘉納の柔道教育は、あくまでも事理一体というわが国の伝統的な考え方を基盤にしていて、欧米由来のスポーツ教育とはまったく異質のものだった。

スポーツ教育では、学習者はさまざまな運動や活動の効果として教育価値を獲得する。しかし、嘉納の柔道教育では、「わざ」の向上そのものが教育価値になる。嘉納は、柔道の「わざ」の原理には人事万般のことに通じる真理が内包されているという。極端なことをいえば、「背負い投げがうまくなれば、望ましい人格や言動が身につく」という、驚くべき主張を展開しているのである。サッカーで、「ドリブルがうまくなれば人間的成長が達成できる」などと考える指導者はいないだろう。あくまでも、教育的価値はドリブルの練習という活動の過程で得られるものであって、技術上達の原理やコツそのものに付随するものではない。最終的に、社会に適応する人格を完成するというゴールは同じだとしても、そこに至るまでの方法論には大きな差があり、ここに嘉納が目指した伝統的な柔道教育のオリジナリティーが存在する。

現在、わが国の学校教育には、柔道や剣道などの武道種目とともに、欧米由来の多くのスポーツ種目が導入されている。しかし、武道種目とスポーツ種目の間にある教育としての違いは自覚されてきただろうか。例えば、現在の柔道授業では、技能の向上と人格の陶冶はそれぞれが独立した内容であり、両者の関連性はまったく問われていない。現行の中学校学習指導要領では、育成を目指す資質・能力を「知識・技能」「思考力・判断力・表現力等」「学びに向かう力・人間性」の三つに分けて示している。しかし、中学校の柔道の内容（一・二年生）には、技能として「基本動作（姿勢・組み方・進退動作・崩しと体さばき及び受け身）」や「基本となる技（投げ技では膝車や支え釣り込み足などの支え技系・大外刈りなどの刈り技系・体落としや大腰などのまわし技系、固め技ではけさ固めや横四方固めなど）」の解説が示されていても、柔道の技能を生み出す原理や、ほかの資質・能力との関連については一切記述がない。学習内容の例示として「武道には技能の習得を通して、人間形成を図るという伝統的な考え方があること」という記述はあるが、それはあくまでも技能を習得する活動を通じたスポーツとしての資質・能力の育成を意味し、武の「道」にとって欠くことができない「わざ」の問題についてはまったく触れられていないのである[39]。

現在の学校体育では、グローバルな競技スポーツとしての柔道にだけ視線が集まり、嘉納が目指した伝統的な「柔よく剛を制す」「わざ」を通した柔道教育は忘れ去られている。「礼に始まり礼に終わる」などという言葉だけが先行し、内実はほかのスポーツと同様の指導がおこなわれているといえば言い過ぎだろうか。第２節で、「現在の武道授業は、あくまでも欧米型の近代競技スポーツとして復活し、それがわが国の伝統を継承する武道だったという証明はなされていない」ことを指摘したが、この事実はこのようにしてわが国の柔道教育の課題として顕在化しているのである。

おわりに

現在の柔道教育には、競技スポーツとしての技はあっても、武道としての「わざ」は存在しない。いや、競技化したJUDOそのものに、すでに「柔よく剛を制す」「わざ」は居場所をなくしているのかもしれない。筆者は、柔道実践者や古流柔術修行者らに対して、柔の理の定着度、つまり相手と格闘するときに「柔よく剛を制す」動きや技をどの程度意識しているかを調査したことがある。すると、古流柔術修行者はいまでも「柔よく剛を制す」動きや技を意識していたが、驚いたことに柔道実践者はそのような意識が低く、レスリング選手と変わらないという結果になった[40]。また、その後の調査では、経験年数や段位にかかわらず、競技として柔道に接することが多い柔道実践者ほど、「柔よく剛を制す」動きや技を体現しようとしていない実態が明らかになっている[41]。現代の柔道では、経験年数が長く高段者であっても、(競技力は高いが)「わざ」がうまいとはかぎらないことが示唆されたのである。柔道は競技スポーツの世界で「量」的に発展するほど、術としての「質」は変化せざるをえなかったのかもしれない。

しかし、嘉納が創始した当時の講道館柔道に、確かに武道としての「わざ」が存在していたことは間違いない。冒頭に示したラフカディオ・ハーンが描写した柔道の姿は、その何よりの証拠だろう。ハーンは著書のなかで、日本という国の際立った個性を、相手の力を利用して勝つ柔道の「わざ」のなかに見いだしているのである。そして、ハーンのこの指摘から私たちが読み取らなければならないメッセージは、柔道に内包された文化的特性への視線が、欧米の競技スポーツにからめ取られた現代の身体運動文化に対して、意味ある対話を促す基盤になるということである。先に述べたように、これは過激なグローバリゼーションにさらされている私たちにとって、非常に有意義な示唆を与えてくれるにちがいない。何より、柔道が競技スポーツと伝統的な武道の相対する二つの顔を有するということは、この両者をきちんと整理し、相手の攻撃を自らの「わざ」に取り込むようにうまく融和協調させることができたならば、それはグローバルとローカルが同時に学べる教材として、数ある武道種目のなかでも唯一柔道がもつ教育としてのポテンシャルを示すことになるだろう。

講道館柔道をＪＵＤＯと区別するものは、わが国の伝統という名に閉じられた特殊性として解釈されるべきものではない。グローバリゼーションの波の水底にあってなお、世界のあらゆるスポーツ文化のなかに脈々と生き続けるエスニシティのきらめきを発見するメルクマールとして意義づけられなければならない。ここに柔道が教科体育の教材として存在する教育的意義がある。

注

（1）小泉八雲『東の国から・心』平井呈一訳、恒文社、一九七五年、二三四ページ

（2）同書二〇三ページ

(3)同書二〇七ページ
(4)井上俊『武道の誕生』(歴史文化ライブラリー)、吉川弘文館、二〇〇四年、五六―五七ページ
(5)嘉納治五郎、小谷澄之ほか編『柔道一班並ニ其教育上ノ価値』(「嘉納治五郎大系」第一巻)、本の友社、一九八九年、八ページ
(6)神谷拓『運動部活動の教育学入門――歴史とのダイアローグ』大修館書店、二〇一五年、八―一七ページ
(7)有山篤利「コロナ禍から日本的スポーツ観を相対化する」、「体育科教育」編集部編「体育科教育」二〇二一年一月号、大修館書店、一二―一六ページ
(8)有山篤利/高松平蔵「オリンピックの代わりに何を考えるべきか?第3回」「Interlocal Journal」(https://www.interlocal.org/20200916/)[二〇二一年二月二十三日アクセス]
(9)「消えた晴れ舞台心のケアを」「京都新聞」二〇二〇年六月十八日付
(10)文部科学省『中学校学習指導要領(平成29年告示)解説 総則編』東山書房、二〇一八年、三二ページ
(11)有山篤利/山下秋二「教科体育における柔道の学習内容とその学びの構造に関する検討」「体育科教育学研究」第三十一巻第一号、日本体育科教育学会、二〇一五年
(12)デヴィッド・ハーヴェイ『ポストモダニティの条件』吉原直樹監訳・解説(社会学の思想)、青木書店、一九九九年、九―二二ページ
(13)スチュアート・ホール「ローカルなものとグローバルなもの――グローバル化とエスニシティ」、A・D・キング編『文化とグローバル化――現代社会とアイデンティティ表現』所収、山中弘/安藤充/保呂篤彦訳、玉川大学出版部、一九九九年、一一四―一二〇ページ

(14) 日本武道館編『日本の武道』日本武道館、二〇〇七年、八―九ページ
(15) 文部省（当時）は、一八八三年に近代体育の普及を目的に設立された体操伝習所に撃剣（剣術）・柔術の採用の適否の調査を命じたが、その回答は「正課としての採用は不適」であった。嘉納は、当時、教員の養成が未整備だったことから、必ずしも正課導入には積極的ではなかったといわれるが、その後の日清・日露戦争を経た国粋主義の高まりを背景に武道関係者の要求活動が盛んになり、一九一一年に正課の体育（体操）に加えることが許可された。
(16) 前掲『武道の誕生』一七九―一八八ページ
(17) 永木耕介『嘉納柔道思想の継承と変容』風間書房、二〇〇八年、一七一―一八八ページ
(18) 文部省編『中学校学習指導要領』大蔵省印刷局、一九八九年、七六―八四ページ
(19) 文部科学省『中学校学習指導要領解説 保健体育編』東山書房、二〇〇八年、一四一―一四七ページ
(20) 内田樹『武道的思考』（ちくま文庫）、筑摩書房、二〇一九年、三三―四六ページ
(21) 文部科学省『中学校学習指導要領（平成29年告示）解説 保健体育編』東山書房、二〇一八年、一四三ページ
(22) 寒川恒夫『日本武道と東洋思想』平凡社、二〇一四年、五五ページ
(23) 前掲『中学校学習指導要領（平成29年告示）解説 保健体育編』一四四―一六七ページ
(24) 同書一五二ページ
(25) 杉山重利「武道の教育的価値」、「体育科教育」編集部編「体育科教育」一九九三年十二月号、大修館書店、三三ページ
(26) 前掲『日本武道と東洋思想』五四―五九ページ

(27)金子明友『わざの伝承』明和出版、二〇〇二年、三八—四三ページ
(28)生田久美子『「わざ」から知る』(認知科学選書)、東京大学出版会、一九八七年、一—八ページ
(29)前掲『日本武道と東洋思想』五六ページ
(30)「白鵬、横綱総見で「張り差し」」「朝日新聞」二〇一八年一月六日付、「白鵬、批判かわした 大相撲初場所・初日」「朝日新聞」二〇一八年一月十五日付
(31)「コロナ感染から退院の阪神・伊藤隼が会見 自身の行動について謝罪「自覚が薄かった」」「スポニチ Sponichi Annex」二〇二〇年四月二十三日付(https://www.sponichi.co.jp/baseball/news/2020/04/23/kiji/20200423s00001173192000c.html)[二〇二〇年四月三十日アクセス]
(32)嘉納治五郎「柔道に関する私の抱負」「柔道」一九三五年三月号、講道館文化会(『嘉納治五郎大系』第一巻、本の友社、一九八九年、三九八ページ)
(33)嘉納治五郎「柔道概説」「柔道概要」大日本武徳会修養団本部、一九一三年(『嘉納治五郎大系』第三巻、本の友社、一九八九年、一〇四ページ)
(34)前掲「教科体育における柔道の学習内容とその学びの構造に関する検討」八ページ
(35)籔根敏和/岡田修一/山崎俊輔/永木耕介/猪熊真「「柔の理」の意味に関する研究」「武道学研究」第三十一巻第三号、日本武道学会、一九九九年、一五ページ
(36)前掲『日本武道と東洋思想』三二一—三二三ページ
(37)嘉納治五郎「柔道の根本義に就いて」「柔道」一九三七年十一月号、講道館文化会(前掲『嘉納治五郎大系』第一巻、九一ページ)
(38)樋口聡『身体教育の思想』(教育思想双書)、勁草書房、二〇〇五年、一三八—一四九ページ
(39)前掲『中学校学習指導要領(平成29年告示)解説 保健体育編』一四五—一四六ページ

（40）有山篤利／島本好平／中西純司「「柔の原理定着尺度」の開発を通した柔道の学習内容の提示」「体育学研究」第六十一巻第二号、日本体育学会、二〇一六年

（41）有山篤利／中西純司／島本好平／金野潤「柔道の「動き」のスポーツ化と柔道実践者の実態——「柔の理」への認識に焦点をあてて」「体育学研究」第六十四巻第一号、日本体育学会、二〇一九年

第9章　戦後日本における柔道の大衆化と高度化
――全国中学校柔道大会の歴史を中心に

中嶋哲也

はじめに

日本の柔道人口の要は中学校と高校の生徒たちである。彼ら彼女らの柔道部活動がこれまでの柔道人口を支えてきた。本章では主に中学校に着目する。高校も検討しなければならないが、限りある紙幅のなかで二つの学校種を同時に扱うのは難しい。近年、柔道事故や体罰・しごきで社会問題になるのは主に中学校の柔道部であること、また二〇一二年度以降、中学校保健体育科で武道諸種目を教えることになり、中学校教員の柔道に対する関心は高まっていると考えられるので、中学校を中心に検討することにした。

本章では第2部「フランス柔道の教育システムの成立」と同じく、大衆化と高度化という二つの視点から論じる。大衆化とは柔道人口の拡大であり、その過程でさまざまな人々が柔道を享受するようになることを指す。高度化とは、大会で優秀な成績をおさめるために必要な競技力が高くなることを指す。結論を先取りすれば、全国中学校柔道大会（以下、全中と略記）の成立と展開によって中学校柔道の大衆化と高度化はなしえられた。

本章では、なぜ中学校が柔道人口の要の一つになったのか、そしてなぜ柔道事故や体罰・しごきなどの問題が起きているのかという問題を、全中の歴史を通じて考えたい。

1　体罰・しごきのメカニズム

柔道事故と体罰・しごきは別の問題である。柔道事故はその名前からもわかるように、柔道固有の動作で起きる負傷や死亡事故である。(1)一方の体罰・しごきは、柔道だけでなくスポーツ全般にみられる問題である。(2)柔道事故と比べて体罰・しごきの実態は表面化しづらく、資料収集に限界がある。そこで、本章ではスポーツ哲学者・松田太希の議論に従って、部活動で体罰・しごきが発生するメカニズムを概観しておこう。(3)

松田によれば、指導者が自らを指導者であると実感するには選手を成長させたり、競技実績を上げたりしなければならない。これがうまくいっているときには指導者のアイデンティティは揺らがない。しかし、選手は指導者によって完全にコントロールできる存在ではない。ときに選手は練習に遅刻したり、試合でミスプレーしたりすることもあるからだ。こうしたときに、指導者はアイデンティティの危機に直面することになり、自らのアイデンティティを回復するために体罰・しごきをおこなうことがある。

指導者のアイデンティティを保持するための体罰・しごきは、選手の指導者への「ほれこみ」にも依存している。通常、選手は自身が取り組んでいるスポーツに習熟したいと考えている。そのため選手にとって同競技の過去の実績や指導力が高い指導者というのは尊敬や憧れといった「ほれこみ」の対象になる。そして同じ指導者にほれこむ個人が集まり固く結び付くのがスポーツ集団、ということになる。いい指導者とは、こうして選手の「ほれこみ」によって理想化された人物でもある。ただし、選手のほれこみは指導者を尊敬の対象とするために、指導者への批判精神を鈍らせる。ここに指導者のアイデンティティを回復させるためにおこなわれる体罰・しごきが容認される状況が生まれる。また自身がほれこんだ指導者に認められたいという欲望、すなわちチームのレギュラーになりたいという欲望は選手同士の切磋琢磨につながるが、これも行き過ぎると互いを蹴落とすことが目的化し、選手間のいじめにもつながる。

筆者には体罰のメカニズムについて松田以上に精緻な議論を展開する力量はない。一言だけ付け加えるならば、柔道では体罰・しごきと柔道事故が重なる場合がある。例えば、指導者や先輩が指導の一環として生徒や後輩を理不尽に投げ込んだり、絞め落としたりするのがそれである。そのため柔道指導での体罰・しごきは、柔道事故を引き起こす可能性も含めて考える必要がある。また、松田は指導者の体罰・しごきを誘発する原因として競技実績の向上という目的を挙げているが、このことからも競技の高度化と体罰・しごきの関係は切り離して考えることはできないだろう。

2　スポーツ化としての事故防止

学校柔道は終戦直後からGHQ（連合国軍総司令部）によって禁止されたが、一九五一年にスポーツとしての復活を遂げる。復活に際して文部省は同年二月に「学校柔道競技規則に関する懇談会」を設け、日本体育協会（以下、日体協と略記。現・日本スポーツ協会）傘下の団体として四九年に設立された全日本柔道連盟（以下、全柔連と略記）に学生・生徒のための試合審判規定を策定するよう求めた[4]。同年十月には「学生生徒柔道試合審判」用として全柔連が制定する試合審判規定に「附則」を設けて、大学生以下の大会について試合場の形式、試合時間、体重別試合の階級、禁止事項、勝負の判定についての条項が決定した[5]。同附則では柔道事故に関与すると考えられる禁止事項と勝負の判定について、以下のように取り決められた。

禁止事項
四、中学校では絞技及び関節技の使用を禁ずる。
五、高等学校中学校に於ては禁止事項中左の各項を重大な禁止事項とする。
（イ）頸の関節及び脊柱に故障を及ぼすような動作をすること。

（ロ）試合者の一方が後から搦みついた時之を制しながら故意に同体となって後方に倒れること。
（ハ）背を畳につけている相手を引き上げた時之を突き落とすこと。
（ニ）絞技の中で胴絞及び頸又は頭を直接脚で挟んで絞めること。
（ホ）肘関節以外の関節技をとること。
（へ）試合中に相手の人格を無視するような言動をなすこと。
（ト）柔道精神に反するようなこと。
（チ）その他相手の体に危険を及ぼすようなこと。
勝負の判定
六、高等学校に於ては絞技及び関節技の効果があることを認めた時は審判員の見込で判定を下すことが出来る。
七、高等学校中学校に於ける「反則負」の判定は左の各項によつて行う。
（イ）重大な禁止事項を犯した時。
（ロ）審判員から注意を与えられたにも拘らず禁止事項を三度犯した時。(6)

戦後の学校柔道はその開始当初から安全面への配慮がおこなわれていた。注目すべきは、中学校の試合では関節技だけではなく絞め技も禁じられたことである。後述する講道館試合審判規定・少年規定（以下、少年規定と略記）では絞め技は禁止されていない。つまり、どこかのタイミングで絞め技の規制緩和があったのである。これについては後述するとして、そのほか、頸部の関節および脊柱の故障を引き起こす動作についてもこのときに禁じられていた。この点は少年規定にも反映されている。他方、危険な倒れ方や倒し方の禁止事項はあっても具体的な投げ技の禁止事項はなかった。

学校柔道が復活した直後にはこのような条項をもとに中学生の試合がおこなわれたのである。同附則は柔道事故への事後対応として制定されたのではないことを、ここでは確認しておきたい。あくまで戦後の学校柔道がスポーツ化することと引き換えに復活を許された、その結果制定されたものだと考えられる。

この附則が成立した後、全国高等学校体育連盟（以下、高体連と略記）の柔道部が発足し、一九五二年には第一回全国高等学校柔道大会が開催される。一方、全中は七〇年に始まる。なぜ全中の開催は高校よりも遅れたのか。しかも、日本中学校体育連盟（以下、中体連と略記）が全中を主催するのは八〇年からである。中体連以前に全中はどういった組織が主催したのだろうか。以下、全中の開催経緯をみていこう。

3　全中と大衆化

一九六九年七月三日、「児童生徒の運動競技について」が文部次官通達されたことを受けて、各競技種目で中学生の全国大会の開催ができるようになった[7]。同年十二月二十七日には日体協から全柔連へ適正な大会開催の要請が通知され、翌七〇年二月二十三日に中体連、高体連、日本武道館、柔道少年団、学校柔道研究会、講道館、そして全柔連の代表が集まり、「児童生徒の柔道が正常に発展するように今回の一連の基準に徒《ママ》つて相互に協力し合おう[8]」と申し合わせた。同年三月十六日には中学校柔道の全国的な組織のために中体連が会合をおこなっている。十日後の三月二十五日には柔道指導者講習会がおこなわれたが、同講習会で全柔連柔道普及研究委員会の佐藤守直から、各都道府県から派遣されてきた中学校柔道指導者に対して、「一、速やかに全日本中学校体育連盟柔道界を結成すること　二、全日本柔道連盟会長宛に全国中学校柔道大会の開催を要請すること[9]」が提案された。これを受けて同日、まず全日本中学校柔道指導者連絡協議会（以下、協議会と略記）が結成される。協議会は中体連柔道部が発足する七九年まで全中開催のため活動することになる。また協議会は、三月二十八日に全柔連へ全中開催の要望書を提出している。

さて、ここで、全中開催以前に中学校柔道指導者に対する講習会が開かれていたことに注目したい。これは、一九六六年三月十日から十二日に各都道府県の柔道指導者の資質向上を目的としておこなわれた指導者講習会に端を発する。ただし、第一回は中学校柔道指導者を主な対象としていたわけではなく、講習会の内容をそれぞれの地域で伝達できる人物が選出され派遣された。第一回の主管は全柔連の強化委員会（以下、強化委と略記）だが、競技の指導方法だけが講習内容ではなかったようである。三日間おこなわれる講習会の一日目は九時三十分から間に昼食を一時間はさんで十六時まで審判規定の講習がおこなわれ、二日目は九時から十二時まで形《かた》の講習、十三時から十五時までは固め技、十五時から十六時まではトレーニング法、三日目は九時から十時まで指導法、十時から十二時まで投げ技の講習がおこなわれた。競技に偏重しない形の講習がおこなわれていたのである。

同講習会が中学校柔道指導者を主な対象にするのは一九六八年三月二十八日から三十日に開催された第二回の講習会からである。理由は柔道人口の減少にある。全柔連事務局次長の細川熊蔵によれば、六五年を境にして日本の柔道人口は減少傾向にあったという[10]。全柔連では「柔道人口開拓」のためには「中学校の生徒に正しい柔道を広く指導することこそ最も時宜に即した方途」であると考え、講習会を中学校柔道の指導者向けに設定することになったのである[11]。このときの講習会でも応用的な技能以外に基本動作や柔道稽古の前後におこなう準備運動、整理運動の指導、さらには審判講習、形の指導、健康管理の方法など競技に偏重しない指導がおこなわれた。全中開催の目的は柔道の大衆化にあったのである。

では、全中開催以降、中体連の加盟校数はどれほど増えたのだろうか。例えば、図1は一九七七年から二〇一七年の間の中体連加盟校数である。一九七七年以前の動向はつかめないが、中学校で柔道の大衆化がどう進展したのか、その概略はつかめるだろう[12]。図1をみれば八二年の加盟校数急増の理由は不明だが、男子は八三年から九二年までは加盟校数が増加し、九二年の四千四百二十八校がピークである。その後、九三年四千百八十二校、九四年三千九百四十七校と下がり、九五年に四千八十五校と回復するものの、九六年から二〇〇一年までは減少傾向にあり、〇一年から一一年頃までは三千三百校から三千四百校の間でおおむね横ばいだが、その後また漸減に転じ、一六年に

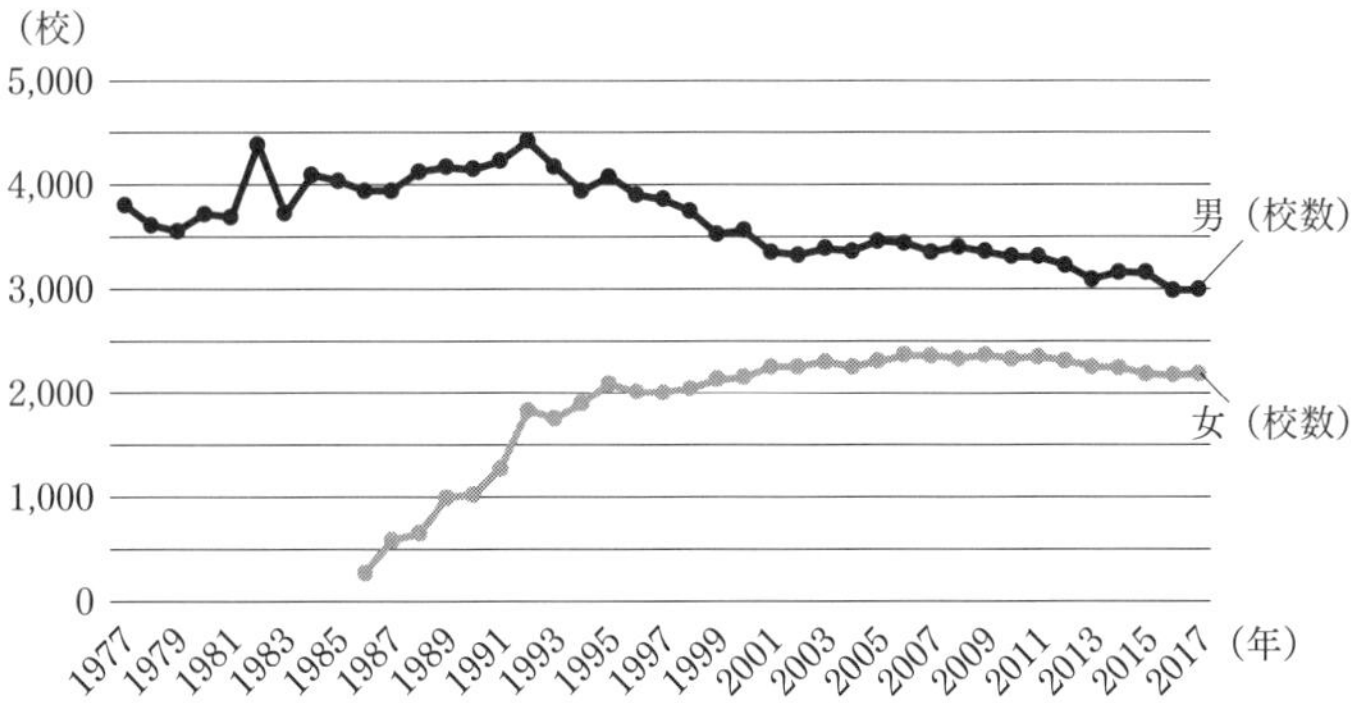

図1　中体連柔道加盟校数（1977―2017年）
（出典：日本中学校体育連盟ウェブサイト加盟校調査資料から筆者作成。日本中学校体育連盟「加盟校調査集計」〔http://www.njpa.sakura.ne.jp/kamei.html〕［2021年12月28日アクセス］）

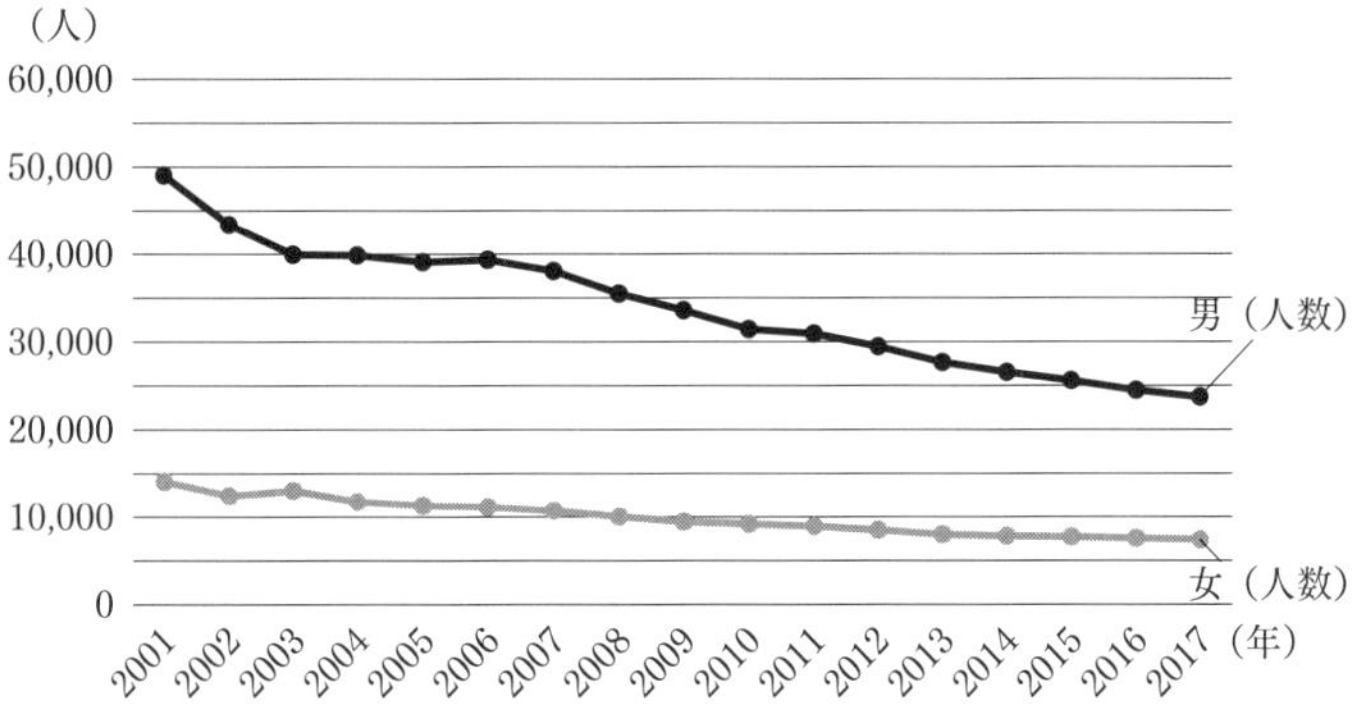

図2　中体連加盟校の柔道部員数（2001―17年）
（出典：同ウェブサイトから筆者作成）

は統計がとられてから初めて三千校を下回り、二千九百八十六校にまで落ち込んでいる。この動きは日本の人口動態とおおむね一致していると考えられる。すなわち比較的人口が多い団塊ジュニア世代（一九七一―七四年）とポスト団塊ジュニア世代（一九七五―八四年）の部活動加入によって、一九八四年から九〇年代半ばまでは加盟校数が大幅に減ることはなかったと考えられる[13]。

一方、図2は中体連加盟校の柔道部員数である。男子の部員数は、二〇〇一年が四万九千六百六十七人だったのが、一一年には三万九百三十六人と一万八千百三十一人減である。加盟校数ではおおむね横ばいだった〇一年から一一年の間も部員数は減り続けていたのが実情である。一七年には二万三千七百十八人まで減少している。

サンケイ新聞　昭和63年(1988年)　5月19日　木曜日

女子高生も一本！

柔道が女子体育授業に登場

「授業が楽しみ」

南丹高　近畿の公立高で初

図3　「女子高生も一本！　柔道が女子体育授業に登場「授業が楽しみ」南丹高 近畿の公立校で初」「産経新聞」1988年5月19日付（有山篤利所蔵）

中体連女子の加盟校数の調査が始まるのは一九八六年からである。九五年まで急激に加盟校数を伸ばし、その後も二〇〇九年のピーク（二千三百六十校）に達するまでは増加傾向にあったが、それ以後減少している。また、〇一年以降の加盟校数に大きな変化がない一方で、女子の部員数は減少傾向にある。ピークは〇一年の一万四千百三十一人で、そこから徐々に減っていき、

○九年には一万人を割っている。

女子の集計が始まった一九八六年は、八五年に国連の女性差別撤廃条約の締結を承認して以降、同年には勤労婦人福祉法が男女雇用機会均等法に改題されるなど、国際的な男女平等の流れのなかで、わが国でも女性の社会的活躍が注目され始めた時期だった。女子柔道でも、八四年の世界選手権で山口香選手が日本人女子として初優勝を遂げ、八六年には女子柔道マンガ『YAWARA!』[14]の連載が始まり、大ヒットした。九〇年代以降は〝ヤワラちゃん〟の愛称で知られる柔道家・谷亮子（旧姓・田村）へのメディアの注目も女子柔道の人気を高めただろう。

また、一九八九年には、学習指導要領改訂によって武道・ダンスの選択制が実施され、女子が柔道授業を受講することが可能になった。例えば、八七年から八九年に文部省（当時）が武道推進校の研究指定事業を実施しているが、そのなかで京都府の南丹高校は全国に先駆けての女子柔道授業の実践事例を報告している[15]（図3）。南丹高校の事前アンケートでは「柔道をやってみたいか」という設問に対して「積極的にやりたい」が一四パーセント、「少し不安はあるが」やってみたいと答えた人を合わせると四二パーセントの女生徒が柔道実施に肯定的だったという[16]。アンケートを集計した有山は同紙のインタビューに「思った以上に女生徒の関心は高かった[17]」と答えている。

このような社会状況を背景に、当初は男子だけの大会だった全中も、一九九一年には女子個人戦が、九八年には女子団体戦が始まっている。オリンピックで女子柔道が公開競技になったのは八八年のソウル大会であり、正式競技になるのが九二年のバルセロナ大会である。これ以降、日本の女子柔道の大衆化はおおむねオリンピックの正式競技化に伴う女子の柔道部活動の拡大と、体育授業における女子柔道授業や男女共習授業の流れに乗って進んでいったとみることができるだろう。

さて、話を全中開始前に戻す。協議会会長の加藤卯平によれば、中学校柔道の指導者の間でも一九六五年頃から全国大会の開催を求める声が大きくなり、それに応えてまず立ち上げられたのが指導者講習会だったという[18]。加藤によれば「この指導者講習会を契機として中学校柔道の実態調査、現況把握、大会についての意見交換を重ねて来ておりましたところ、たまたま昨年七月三日付にて学徒の対外試合についての文部省次官通達が出され[19]」たので、全中開催に動きだしたという。

一方、中体連は文部省次官通達の後も中学生の全国大会開催には消極的だった。中体連は中学校の体育指導者らによって一九五五年に設立された。設立当初、中体連は文部省の意向に沿って各競技の全国大会の開催を抑制し、部活動の正常な発展を目指したのである[20]。その頃、部活動は特別教育活動という教育課程内の活動に含められていて、ゆるやかに学校教育の一端を担っていたのである。しかし、全中が始まる前年の六九年の学習指導要領では教育課程内の活動としてはクラブ活動が必修になり、部活動は課外活動として位置づけられた。ただし、この二つの活動内容は実態としては相乗りしていたという[21]。実際、各校を代表するチームの活動形態が部活動なのかクラブ活動なのかはまちまちであった。そうしたなか、中体連は部活動を課外活動として突き放すのではなく、教育活動の一環とする立場にあったと考えられる。

第一回大会には中体連の田中亨理事長が視察にきたが、中体連は主催にはならなかった。中体連が全中開催に関与するようになるのは、一九七〇年十月におこなわれた中体連の理事会で各種競技の全国中学校大会を指導・改善していくために共催することが決定された後である[22]。全中は第二回大会から全柔連とともに中体連が共催するようになった。

4 柔道事故と技の規制

一九七〇年六月の全柔連決定を受けて、八月二十三日に講道館で第一回の全中が開催された。このときにはまだ個人戦はおこなわれておらず、団体戦だけであった。開催の正式決定から二カ月しかなく、三十八都府県が参加した。同大会の開催は急ピッチで進められ、参加準備が間に合わなかった都道府県の埋め合わせで東京から十一校が出場するありさまだった。

柔道事故の心配は当初からつきまとっていた。日本学校安全会が発行する『10年のあゆみ』には一九六六年に中学校のクラブ活動で起きた「運動種類別災害発生率」(表1)をまとめているが、柔道は最もケガのリスクが高い種目だった。[23] また大会前月の七月二十日には、熊本県の藤園中学校の柔道クラブに入部した生徒が背負い投げで後頭部を打った事故について、熊本地方裁判所が熊本市に千百万円の賠償金の支払いを命じる判決を下した。[24] これは「朝日新聞」など全国紙でも取り上げられ、話題になった。

第一回大会では柔道事故に関わる二つの論点が浮上した。まず、審判規定である。第一回大会は先にみた附則にのっとって絞め技、関節技を禁じておこなわれたが、試合前の審判・監督会議ではこれらの技を認めるかどうかが議論になったようである。大会委員長を務めた細川は「中学生の修得技術の程度についての見とおしも不安であったことから要心第一に考えたのが今回の大会であった。然し、案外レベルも高いし、また関節や絞めがない為の試合場の欠陥も反省される[25]」と述べている。これは相手が自身の両襟を握ってうつ伏せになる〝亀の姿勢〟になったとき、攻める側が関節技や絞め技をしないよう指示することを審判会議で申し合わせたことに関連する。亀の姿勢は防御が固く寝技の展開が硬直するため、柔道の技術修得の面からみて関節技と絞め技を禁じることは適切ではないという判断があったものと思われる。

もう一つは大会の位置づけである。細川はいう。全国大会の試合のあり方、審判の仕方などは各都道府県の大会にも影響するので、「模範的なものでなければならない[26]」。従来、全国大会の開催に踏み込めなかったのは、文部省の通達がなかったからだが、そのほかに大会のあり方次第で「全国の中学校柔道に恐るべき弊害を及ぼすかもしれない危険[27]」があったからだ。中学生には心身の発達、柔道技術の修得、さらに将来大きく伸びるための基礎を養うために「柔道の基本を正しく[28]」学んでもらいたい。そのため全中は「大人達の勝敗に対する興味の玩物であってはならない[29]」のだ。

細川の主張は指導者の勝敗に対する興味を戒めるものだった。生徒には日頃の練習成果を発揮するよう求めた。しかし、勝敗を競って試合をするのに、勝敗に

表1　中学校クラブ活動のなかの運動の種類別災害発生率

順位	種目	比率（％）
1	柔道	16.5
2	野球	14.8
3	バレーボール	14.4
4	バスケットボール	12.9
5	サッカー	4.8
6	ソフトボール	4.6
7	マット運動	3.9

（出典：日本学校安全会編『10年のあゆみ』〔日本学校安全会、1971年〕88ページから作成）

こだわるな、というのは矛盾している。例えば、第一回大会の審判・監督会議で「選手はブリッジで受身をすることは避けることが望ましい[30]」と申し合わせたが、これなどは、首への負荷がかかるブリッジの姿勢になってまで背中を畳につけないようにする選手がいることから申し合わされたのだと考えられる。

このように大会を開く以上、勝敗にこだわる指導者、選手が出てくるのは当然のことだった。そのために危険な技のかけ方、受け方がなされるケースも増えてくる。第一回大会のときにも「危険な巻込みでポイントをねらう等の者も多い[31]」という指摘があったが、一九七四年八月十六日の第五回大会では高知県の選手が相手の腕に巻き付いて内股をかけた際に頭から畳に突っ込み、第四・第五頸椎を損傷する事故が起きている[32]。これは柔道関係者にも大きなインパクトを与えた。講道館館長の嘉納履正は中学生の試合で「危険防止は最も留意すべき」であるにもかかわらず、「柔道の指導に万全の配慮が行はれていたとは言い難い[33]」と述べている。この事故を受けて、全柔連と講道館では審判規定を改正し、七五年六月十日付で「内股巻き込み」を禁止した[34]。

翌年の第六回大会でも危険な場面がみられた。浦和市立木崎中学校教諭の金子修三は「技術的には腕力に頼った動きの無いわざ、危険なわざ、変形などが見られ指導段階での問題が指摘される[35]」と述べている。同大会の決まり技を分析した加藤によれば、最も多かった決まり技は危険視されていた内股だった。背負い投げも内股に次いで多い決まり技だったが、「膝つき背負い」が頻繁に見られ、その危険性は大会終了後に役員らの間で指摘されたという[36]。結果的に、膝つき背負いは一九八〇年の第十一回大会から禁止事項扱いになる。

内股や膝つき背負いの問題は、これらが事故につながりやすい危険な技であるというだけではなかった。これらの技は当時、「中学校指導要領、教科課程、柔道指導内容に含まれていない投技」[37]だったのである。そのため、多くの中学生選手の技は中学校教育という枠組みに収まっていなかったのである。

こうしたことを受けて、一九七六年の第七回大会では大会前日の八月十九日に小谷澄之、醍醐敏郎、大沢慶巳といった後に十段に列せられるような指導者を招いて、基本姿勢、礼法、崩し、体さばき、受け身などを出場選手に講習した。協議会によれば「翌日の大会への心構えを作る効果」[38]があったという。また、この大会では団体戦の選手を体重順に並べるようにし、できるだけ体格差がない相手と試合させるように試みた。さらに危険な技や動作については厳しく注意し、四人の反則負けが出た[39]。こうした試みが功を奏したのか、この大会ではケガ人は出なかった。しかし、反則負けの選手が四人いたということは、未然に防止できたとはいえ、それだけ危ない場面があったということである。

他方、一九七七年の第八回大会では「固めわざの正常な技能向上と基礎的な正しい技能を身につけさせるために、絞めわざのみ」[40]解禁された。亀の姿勢で攻防が硬直する状況を防ぐのが目的だった[41]。これ以降、絞め技の指導も部活動（クラブ活動）ではおこなわれるようになる。

また、一九七八年に大幅に改善された日本学校安全会の災害共済制度を受けて、翌七九年には大会参加資格に損害保険加入が明記されるようになった。七〇年の藤園中学校での柔道事故以来、学校関係者の間では教員の過失が追及され学校教育に支障が生じる懸念がもたれていたが、手厚い災害給付制度によってその懸念は大幅に解消されたのである。[42] 学校保険の充実は生徒のケガのリスクに対する教員側の安心感を生んだと考えられる。

全中は中学生に正しい柔道を広め、柔道人口を増やすという当初の目的から逸脱し始めていた。共催する中体連のほうでも競技の「過熱化」は懸念された。その結果、一九七九年には中体連内に柔道部を設置して、八〇年からは中体連が全中を主催することになり、大会の「過熱化」を防ぐことが試みられた。[43] しかし、中体連柔道部長を務めたのは協議会会長だった加藤であり、大会運営における人員に大きな変化はみられなかった。

5　強化委員会と全中

全中は一九八〇年以降、中体連傘下の活動になったが、実態としては全柔連の関与がなくなったわけではなかった。むしろ、八〇年代に入ると全柔連の、特に強化委との関わりが強まっていく。強化委は一九六一年二月に発足した。六〇年八月にオリンピック東京大会の正式競技として柔道が採用されたことを受けて、全柔連がオリンピックに向けた選手強化をおこなうために設置したのである。[44] 第一回の指導者講習会の主催が強化委だったことからも中学校指導者との関係は昔からあったが、強化委は当初、中学生の選手強化については考えていなかった。

強化委が将来有望な選手の早期発掘をおこなうようになるのは一九七〇年代からである。東京大会でアントン・ヘーシンクに負け、次のミュンヘン大会でもウィリアム・ルスカに敗北したことなどを受けて、七二年十月十六日に強化委はメンバーの総入れ替えをした。この新しい強化委は「府県連盟で選手強化[45]」するよう求めている。委員長の広瀬巌は「全柔連に強化委員会があっても、地方の将来性のある少年の強化はできない。府県連盟も強化委員会を構成し、有望選手をどんどん強化して欲しい[46]」と述べている。これは各府県に対して直接中学生の選手強化を要望したものではないものの、若い選手を長期的に育成することを念頭に置いた発言である。続けて広瀬は「ジュニャー国際強化選手」について述べ、「高体連の推薦で約十名の高校生」を八月と十二月に講道館に集め、大学生の強化選手とともに合宿稽古をする計画を立ち上げている。[47]このように、強化委はまず高校生まで選手強化の範囲を拡大したのである。

強化委が中学生を射程に入れるのは一九八二年のことである。同年、全中翌日の八月二十四日に全柔連主催で「全国中学校柔道大会個人体格別試合[48]」（以下、中学校個人試合と略記）がおこなわれ、出場選手の体格・体力の測定もあわせておこなわれた。体格・体力の測定は「長期的な選手強化の観点[49]」からなされたものである。全中の個人戦は八四年に始まるので、この試合は中体連主催ではない。翌八三年にも、全中翌日の八月二十一日に全柔連主催で各都道府県から選抜された二百三十三人の中学生選手が参加して「中学生強化選手選考会[50]」がおこなわれた。同選考会は六十キロ以下級、七十八キロ以下級、七十八キロ超級の三階級でおこなわれたが、優秀な成績をおさめた二十人の選手が翌年一月四日から六日におこなわれる第五回全日本柔道連盟強化合宿に参加することになった。[51]

こうした強化委の積極的な中学生への関与は全中関係者の発言にも影響を与えたと考えられる。一九八三年の第十四回大会について福岡県中体連柔道部長の津山博は「単に試合に勝つ、技がうまくなるだけではなく、それ以前の柔道の精神を生徒達に指導する必要がある」といいながらも、「攻めて攻めまくる柔道をさせないと勝ちもしないし、「柔道の試合は見ていてもおもしろくない(52)」」と述べている。

「大人達の勝敗に対する興味の玩物であってはならない」という細川の言葉を思い起こせば、津山の発言から指導者が勝敗への興味を隠さなくなる時代に入ったことが読み取れるだろう。全中も高校同様、強化委の関与が強まることで、スポーツタレント早期発掘の場になり、指導者も選手も勝利至上主義に傾いていったのではないかと考えられる(53)。

こうして全中の外で中学校個人試合の過熱化が進むなか、中体連は全中に個人戦を組み込んだ。中体連は各競技の全国大会の開催地が東京都と神奈川県に集中している状況を是正するため、一九八四年以降、各競技大会のブロック割り当てを実施した。その際、中体連は「地域中学生スポーツ振興を図る(54)」ことを方針として掲げた。後年、中体連柔道競技部長の金坂茂は「個人戦の充実は、団体戦でカバーしきれない、全国各地で切磋琢磨している中学校柔道選手に大きな夢と希望を与えた(55)」と述べている。つまり、中体連による全中の個人戦採用は柔道の大衆化を進めたのである。しかし、八五年から全柔連は中体連とともに全中の運営を共催することになり、全中への強化委の関与はなくならなかったのである。

6　少年規定が意味するもの

　こうした強化委の選手強化が中学生まで拡大したのと同時期に成立したのが少年規定である。同規定は先にみた全柔連主催の中学校個人試合に向けて、一九八二年一月一日付で制定された。[56]「事故防止と正しい柔道を行はせるという観点[57]」から作成されたものであり、膝つき背負いの禁止や絞め技の容認など、それまでの全中で議論されてきた内容が反映されたものだったという。しかし、同規定について、当時上石神井中学校の教諭だった浅野哲男は次のように述べている。

　禁止事項や禁じ技の多くは柔道事故災害の発生率の高いものである。事故が多くなったから禁止する、禁止になると技術の向上が期待できない、技能の発展を期待するために禁止内容を変えるという形をとってきたものに背負投が挙げられよう。柔道の原理にかなった背負投は決して事故を起こす技ではない。両足でしっかりと支えた背負投を掛けても事故は起きない。くずしや体さばきを正しく施せない段階でも、試合でよく決まる技ということで、無理に膝をついて、しかも「死に足」で背負投を掛けることによって背負投による事故が急激に増加した。
　片膝つきの背負投が禁止となり、それから両膝をついても、片膝をついても反則となったが、今回の少年規定では、技能の発展を考えて、片膝つきは認められた。

また、固め技の中で中学生に絞め技が禁止事項から解除された理由のひとつとして、中学生の試合で多く見られる現象に、寝技に入った場合、うつ伏した姿勢が変化しない（抑え技のみのため腕をあけてもうつ伏せで踏んばれば抑えられない）ために、固め技の技能そのものが発展しないということが憂慮されたことが挙げられている。

これらは、いずれも、指導者の姿勢が、柔道を学ぶ中学生の柔道に如実に現われたものと考えるのは早計だろうか。少年規定を設けずとも正しい柔道が行われるよう中学校柔道指導者はしっかり現実を見つめ、基本動作を生かした、理にかなった対人的技能が発揮できるようにしなければならない。(58)

浅野の主張は少年規定成立の背景にある競技の高度化とそれに伴う事故のリスクを突いている。浅野が述べているように、勝利にこだわらず「正しい柔道」が身についていれば少年規定は本来必要なかったのかもしれない。

正しい柔道が事故のリスクを減らすということについては現場の指導者は広く認識していたと考えられる。例えば、一九八一年六月二十日に講道館柔道科学研究会安全指導研究班は柔道事故に関する調査報告をまとめている。(59)報告の内容は八〇年九月に大学、高等専門学校、高校、中学校、町道場（小学生）の各指導者計五百五十八人への質問用紙を使ったアンケートである。そのなかで事故が発生しやすいと思われる技として最も多かったのは「巻き込み」動作、次いで背負い投げであり、大外刈りは三番目だった。巻き込み動作と背負い投げは鎖骨骨折との相関が指摘されていて、大外刈りは脳振盪との相関が指摘されている。つまり、柔道指導の現場でも七〇年代に問題になった「巻き込み」動作や背負い投げのリスクは認識されていたし、当時はいまほど問題になっていなかったが、大外刈りのリスクも認識されていたのである。

少年規定はこうしたリスクへの懸念から作成された。両膝つきの背負い投げ、相手の首を抱え込んで施す大外刈り、無理な巻き込み技などは「注意」以上の罰則が与えられる決まりになったのである。しかし実際には、少年規定が制定された後も柔道事故は続いている。審判規定で事故を防止することは難しいのが実情である。

おわりに

一九八〇年代までの全中の歴史は、柔道の大衆化と競技の高度化を同時に達成するものだった。まず大衆化だが、そもそも全中は柔道人口の減少を危惧して始められた大会だった。また、「正しい柔道」を普及することが柔道人口の増加につながる、というのが全中の当初の見通しだったのである。加えて、全中開始後は「正しい柔道」が指導されれば柔道事故は起きないという主張もみられるようになった。

結果的に、中学校柔道の大衆化は成功したといえるだろう。しかし、その大衆化は時代背景が後押しした面も大きいと考えられる。すなわち、日本の人口ピラミッド的に一九九〇年代半ばまでは中学生の柔道人口が極端に減ることはなかったと考えられるのである。また、大衆化の内実に目を向ければ、八六年以降は中学校女子柔道部も台頭した。これも国際的な男女平等の流れのなかで女子柔道のオリンピック正式競技化、学校体育での女子柔道の実施、漫画・アニメの影響といった複数の要素が重なって起きた現象だったと考えられる。八四年以降の個人戦も多様な体格の選手が活躍できるという点で大衆化に寄与したといえる。

一方、全中は大衆化の裏面で高度化を推し進めた。特に、一九八〇年代以降は強化委との関係性が強まり、高度化に拍車がかかった[60]。そうしたなか、正しい技のかけ方を啓蒙するだけでは中学生の強引な技を抑制することができなくなっていった。そこで少年規定が制定されたのだが、制定後も柔道事故は続いている。こうした高度化とともに体罰・しごきは続いたのだろう。

本章では柔道教育の側面をあまり扱えなかったが、これについては次章で補足したい。

注

(1) 内田良『柔道事故』河出書房新社、二〇一三年、三七ページ

(2) 体罰としごきの定義は難しい。アーロン・ミラーは「「体罰」の定義が法律上曖昧だったことが、ある規律訓練のための行為が体罰にあたるかどうか、そして最終的にはそれが善か悪かまでも、日本の教育者たちに自分自身で決めることを許してきたのである」(アーロン・ミラー『日本の体罰――学校とスポーツの人類学』石井昌幸/坂元正樹/志村真幸/中田浩司/中村哲也訳、共和国、二〇二

一年、一四四ページ）と、日本のスポーツ指導と体罰の関係を的確にまとめている。本章と第10章では体罰・しごきと表記し、指導者による鉄拳制裁のような明らかな体罰から、腕立て伏せ千回のような過度なトレーニングの指示、あるいは選手への罵倒のように精神的苦痛を与えることまで幅広く捉えておきたい。

（3）以下、本節のスポーツ集団の体罰・しごき、いじめについては松田太希『体罰・暴力・いじめ――スポーツと学校の社会哲学』（青弓社、二〇一九年）の第1章から第4章に基づいている。

（4）講道館「学生生徒柔道試合審判について」「柔道」一九五一年十一月号、講道館、三四ページ

（5）同記事

（6）同記事三四ページ

（7）細川熊蔵「全国中学校選抜柔道大会の要望」「柔道」一九七〇年五月号、講道館、三七ページ

（8）同記事三七ページ

（9）同記事三七ページ

（10）細川熊蔵「中学校の先生の柔道講習会」「柔道」一九六八年五月号、講道館、三四ページ。終戦後の講道館入門者数は、一九六五年の四万六千百二十七人をピークに減少傾向にあった（藤堂良明／村田直樹／桐生習作「第二次大戦後の柔道復活に関する研究――スポーツとしての出発」「講道館柔道科学研究会紀要」第十四輯、講道館、二〇一三年、四六―四七ページ）。

（11）同記事三五ページ

（12）ちなみに、中体連の資料では一九七四年が三千百六十二校、七五年が四千二校、七六年が三千二百八十八校となっているが、この三年間とも複数の都道府県から集計が上がっておらず、全都道府県を網羅した数値ではないため、図1には含めなかった。七四年の統計は、全国中学校体育連盟編「会

報」第七号（全国中体連事務局、一九七四年）五六―五七ページ、七五年と七六年の統計は全国中学校体育連盟編「会報」第十七号（全国中学校体育連盟、一九八四年）一六一ページ、から引用。

（13）「団塊ジュニア」および「団塊ジュニア世代」の捉え方はさまざまあるが、ここでは次の論考を参照した。下田裕介「団塊ジュニア世代の実情――「不遇の世代」を生み出したわが国経済・社会が抱える課題」「JRIレビュー」二〇一九年第五号、日本総合研究所、四五ページ

（14）浦沢直樹『YAWARA!』全二十九巻（ビッグコミックス）、小学館、一九八七―九三年

（15）京都府立南丹高等学校「女子体育における武道指導のあり方――柔道種目をとおして」『昭和六二・六三年度及び平成元年度文部省指定武道推進校研究集録』所収、文部省、一九八九年

（16）「柔道ステキ!」「京都新聞」一九八七年十一月二十四日付

（17）同記事

（18）加藤卯平「第一回全国中学校柔道大会」「柔道」一九七〇年十月号、講道館、二ページ

（19）同記事二ページ

（20）中澤篤史「運動部活動はなぜ過熱化したか――日本中学校体育連盟と全国中学校体育大会の歴史的展開」、教育史学会機関誌編集委員会編「日本の教育史学――教育史学会紀要」第六十三号、教育史学会、二〇二〇年、一一五ページ

（21）中澤篤史『そろそろ、部活のこれからを話しませんか――未来のための部活講義』大月書店、二〇一七年、一一六―一一七ページ

（22）同書一二〇、一一六ページ

（23）日本学校安全会編『10年のあゆみ』日本学校安全会、一九七一年、八六―八八ページ

（24）「クラブ活動中のけが　教師に監督義務　市に1100万円の賠償判決」「朝日新聞」一九七〇年七月

二十一日付
(25) 細川熊蔵「中学校大会あれこれ」、前掲「柔道」一九七〇年十月号、八ページ
(26) 同記事七ページ
(27) 同記事七ページ
(28) 同記事七ページ
(29) 同記事七ページ
(30) 同記事七ページ
(31) 同記事八ページ
(32)「首から落ち重傷」「朝日新聞」一九七四年八月十七日付
(33) 嘉納履正「第五回全国中学生柔道大会を迎へて」「柔道」一九七四年九月号、講道館、一ページ
(34) 細川熊蔵「中学生大会を省みて」「柔道」一九七五年十月号、講道館、三六ページ
(35) 山根茂／金子修三「大会後記」、同誌三三ページ
(36) 同記事
(37) 加藤卯平「中学生柔道大会を終えて」、同誌三五ページ
(38) 山根茂／金子修三「全国中学生柔道大会記」「柔道」一九七六年十月号、講道館、一四ページ
(39) 同記事二〇ページ
(40) 村本錬四郎／河野矯雄「全国中学生柔道大会」「柔道」一九七七年十月号、講道館、二六ページ
(41) 全日本柔道連盟「中学生柔道大会における〝絞めわざ〟の扱い方について」『第九回全国中学生柔道大会』全日本柔道連盟・全国中学校体育連盟、一九七八年、一六ページ
(42) 中澤篤史『運動部活動の戦後と現在——なぜスポーツは学校教育に結び付けられるのか』青弓社、

二〇一四年、一二〇ページ
(43)同書二〇、一一七ページ。ただし、中体連の動向は柔道にだけ対応したものではなく、他競技も含めた中学生の大会全体に対するリアクションだった。
(44)「柔道のオリンピック対策進む」「柔道」一九六一年三月号、講道館、八—九ページ
(45)広瀬巌「国際選手強化について」「柔道」一九七三年三月号、講道館、二七ページ
(46)同記事二七ページ
(47)同記事二七ページ
(48)強化委員会科学研究部「中学柔道選手の体格・体力」「柔道」一九八二年十二月号、講道館、七九ページ
(49)尾形敬史「中学柔道選手の体格・体力について」「柔道」一九八五年十二月号、講道館、五八ページ
(50)津山博「中学生強化選手選考会」「柔道」一九八三年十月号、講道館、二四ページ
(51)同記事二四ページ
(52)加藤卯平/津山博「全国中学校柔道大会」、同誌二三ページ
(53)本章は主に全中を対象にしているが、一九八〇年代後半には小学生の大会でも高度化は進行していったものと思われる。八六年に東洋水産主催でマルちゃん杯少年柔道大会が始まる。この大会は中学生と小学生の部門に分かれ、それぞれ個人戦と団体戦が争われる(二〇〇四年以降、個人戦は廃止)。八九年八月二十四日、同大会の中部地区大会が開かれたが、その前日には佐藤宣践や山下泰裕らが得意技を披露・説明する柔道教室がおこなわれた。その場で佐藤や山下は同大会に出場する小学生から「世界に通用する選手」が出ることを期待していると述べている(今堀浩之「マルちゃん杯中部日本

少年柔道大会」「柔道」一九八九年十一月号、講道館、六二ページ)。もちろん、佐藤や山下らの発言だけで小学生の大会が高度化したというのは早計だが、今後の課題になるだろう。

(54) 黒木昊「昭和五九年度以後の全国中学校選抜競技大会の基本方針と決定までの経過」、全国中学校体育連盟編「会報」第十五号、全国中学校体育連盟、一九八三年、二ページ

(55) 金坂茂「柔道競技部」、日本中学校体育連盟編『設立50周年記念誌』(「会報」第三十八号)所収、日本中学校体育連盟、二〇〇六年、一一二ページ

(56) 同書五五、一一一ページ

(57) 浅野哲男「中学生の柔道」「柔道」一九八二年八月号、講道館、四九ページ

(58) 同記事四九ページ

(59) 松川哲男「柔道災害事故に関する研究Ⅱ」「柔道」一九八一年九月号、講道館、五二—六〇ページ

(60) ただし、中体連も強化委の意向に常に従っていたのではなく、対立することもあった。例えば、一九九一年八月十七日におこなわれた競技部長会では、強化委の要望である男子個人戦の体重区分の改正案を各ブロック長の「圧倒的反対」で見送っている(矢口次夫「全国大会見聞記・実行委員長記・主将記」、日本中学校体育連盟編「会報」第二十四号、日本中学校体育連盟、一九九二年、八〇ページ)。

第10章　柔道教育からみたフランスと日本

中嶋哲也／有山篤利／星野 映

はじめに

本章では第1部と第2部でみたフランス柔道についてまとめたあと、フランスとの比較という視点をもちながら日本柔道の特徴を論じる。両国ともに東京オリンピック以降、十五歳以下の柔道人口を拡大する施策がとられたが、その発展の方向性に違いがみられる。まず、それぞれの前提として、フランスでは一九〇一年以来、個人と国家の中間にあって自由に結成できるアソシアシオンの一つとしてスポーツクラブがあるが、柔道はそのスポーツクラブの一角を占める種目である。一方の日本では警察などでも実施されるが、主に学校や企業の部活動で柔道がおこなわれる。このことが両国の柔道教育をどのように方向づけたのか。以下、ここまでの章から要点を拾い上げ、補足説明を入れながら、両国を比較してみたい。

1　FFJDAの施策

フランスは〝柔道大国〟と呼ばれるように、その高い競技力と競技人口に目が向きがちだが、本書で明らかにしたように、一九七〇年代になるまで国際大会で目立った成績を出せていない。

フランス柔道界は一九六二年からオリンピック体制を整え、政府の援助を受けるようになった。軽量級、中量級、重量級それぞれの有力な選手を国立体育スポーツ研究所に集めてトレーニングを実施するようになり、ヨーロッパ各国チームとの対外試合も積極的におこなった。フランス柔道連盟（FFJDA）の競技重視の傾向が表れたのが、体重別階級制の大会であり昇段試験であった。六〇年前後、昇段審査で「形」が審査項目から削除され、試合が重視された。

FFJDAは一九六〇年代の半ばまで講道館式と川石式メソッドの間で指導法が揺らいでいたが、六六年にフランス式柔道上達法（以下、上達法と略記）を制定し、競技高度化の基盤となる柔道人口の拡大、つまり大衆化を図ろうとした。上達法では、六つの級とそれに対応する色帯を制定し、各級ごとに技術プログラムを定めた。また、同上達法が制定された頃には昇段審査に「形」の試験が復活した。

これが功を奏して、一九七〇年代には中間層以上の大人だけでなく、十五歳未満の若年者や女性の柔道実践者が増加した。競技面では六〇年代までは国際大会でなかなかメダルを獲得できなかったフランスだが、七〇年代にはそうした状況が打破され、柔道大国フランスの地位を築き上げていく。

しかし、一九七〇年代後半には高度化のための大衆化という考え方が行き詰まりをみせていく。競技方面では選手および大会役員の大会マナーの低下が七〇年代を通して次第に問題視されるようになっていった。また、七〇年代後半にはＦＦＪＤＡの登録人口が頭打ちになった。原因は①ＦＦＪＤＡ傘下の種目が相次いで独立団体を結成したこと、②人々のスポーツ実践が多様化したこと、③②と相まって十五歳前後の若年層が柔道以外のスポーツに関心をもつようになることで「柔道離れ」の懸念が高まったことが挙げられる。

ＦＦＪＤＡの主要財源は実践者の登録費である。そのため、ＦＦＪＤＡは登録者数の増加に積極的に取り組んでいかなければならなくなった。連盟の登録者数の増加率停滞と若年化傾向を前にして、ＦＦＪＤＡは柔道指導法を「現状に適した」ものにすべく活動を展開した。

一九八〇年代後半からは、国家免状の取得を目指す柔道家向けの新たな養成講習会が、各地域で実施され始めた。ここでは柔道の専門的な技術や「形」の練習だけでなく、現場での指導を想定した指導法や実技の研修が重視された。また、柔道に関する歴史や社会学的知識などの講義もおこなわれた。こうした柔道指導の現場に即したかたちでさまざまな要素を盛り込みながら、練り上げられた新たな柔道指導法が、九〇年に制定されたフランス式柔道柔術指導法であった。同指導法は先の上達法から級ごとの色帯および技術プログラムの設定を発展的に継承しながら、若年者の年齢に合わせた技術指導の要領を明文化している。

また、八つの価値からなるコード・モラルの制定も、フランス柔道の取り組みとしてきわめて重要なものだった。一九八五年に制定されたコード・モラルは、競技偏重の傾向が強まった柔道を危惧した一人の柔道家が始めたものだったが、その取り組みがＦＦＪＤＡに引き継がれてフランス中に広がっていった。結果的にＦＦＪＤＡは、柔道を単なる競技スポーツではない「教育的なスポーツ」として、そのイメージを普及させることに成功した。

こうして、一九八〇年代以降、実践と理念の両面から改革が進められた結果、現在のフランス柔道の素地はできあがった。日本のインタビューに対してジャン゠リュック・ルージェが述べた言葉に象徴的なように、フランスでは「競技人口」ではなく、「登録人口」の増加を目標にして改革を展開したのである。

現在、十五歳未満にはレジャーとしての試合が制度的に定着している。ＦＦＪＤＡは高度化のための大衆化という考え方から方向転換して、柔道を「競技」や「教育」など多様な側面から発展させようと試みている。試合の段階も「レジャー（loisir）」と「競技（sportives）」に分類し、オリンピック代表に結び付く大会には後者を位置づけている。「競技」は十五歳以上の大会にしか設定されていない。十三歳以上十五歳未満のレジャーの全国大会はあるが、選手の礼法や健康の養成、親睦の機会提供などを目的としている。また、小学生の大会には全国大会がない。

近年では、護身術やエクササイズ（Taiso など）を加えた多様な実践プログラムを人々に提供する仕組みを構築している。これはフランス人のニーズも多様化してきていて、それに対応し続けているためである。

第2章「フランス柔道の組織概要」(星野映)にあるように、フランスでは政府公認のすべてのスポーツ連盟の登録者数が横並びで提示され、登録者数の傾向分析がなされている。これによって、どのスポーツ連盟の登録者数が多いか少ないか、大雑把な言い方をすれば「どのスポーツが人気なのか」ということがはっきりしてしまう。重要な財源である登録費を確保することとあわせて、こうしたスポーツ連盟間での競争を意識せざるをえない状況が、実践者の多様なニーズに応えようとするFFJDAの柔軟な施策を生み出しているといえるのかもしれない。

2 実践者への対応

フランスでは十五歳未満の柔道実践者が全体の約七〇パーセントにのぼるとされる。さらに、このうち約七〇パーセントは十歳未満の子どもたちである。これらの年齢層はほかのクラブとも会員の取り合いが起きることが多い。そのため、フランスの柔道指導者はクラブ運営維持のため、実践者側のニーズに配慮しなければならない。これはFFJDAが目指す登録人口の増加という目的と一致した動きである。

子ども、というよりその保護者は柔道に「しつけ教育」を求めている。これは保護者が柔道を通じてフランス社会で通用する規範や価値観を子どもに身につけさせたいと願っているためである。(1)

柔道クラブの指導者が競技力向上よりはしつけ教育や体づくりに重点を置いた指導になることは、FFJDAと保護者の利害が一致する合理的な帰結だろう。コード・モラルは、柔道が教育的スポーツであるというイメージを、子どもとその保護者に普及させるためのプロモーション・ツールになっている。また、昇級とともに帯の色が変わるシステムは保護者にも好評で、子どもたちが柔道を続けるモチベーションにもなっている。

フランスで柔道事故や体罰がほぼみられないのも理解できる。それはFFJDAが実践者側のニーズ（しつけ教育・体づくり）と安全に配慮しているためである。そして、もう一つはレジャー（loisir）から競技（sportives）に上がる前の段階でほとんどの子どもたちが柔道をやめていくからである。ちなみに柔道をやめた後、ラグビーなどほかのスポーツに転向する子どもは多い。これは柔道が若年者の体づくりに適した運動とも考えられているためである。

一方、フランスでは二十歳代以降の柔道人口は十歳未満や十歳代と比べてかなり少ない。また、フランス柔道が教育色を推して子ども向けになった結果、大人から始めるには心理的な障壁があることも考えられる(2)。

フランスほどではないにせよ、大人の普及率の低さは日本でも課題である。ただし、前提になる歴史的・社会的文脈が異なる。以下、日本の状況について前章までの内容に補足しながら概観したい。

3　部活動・オリンピック・根性

本書では日本の柔道教育について、中学校の部活動を中心に考察した（第9章「戦後日本における柔道の大衆化と高度化――全国中学校柔道大会の歴史を中心に」〔中嶋哲也〕）。二〇一六年に日本の中学生の柔道人口は三万四千五百人で、小学生の三万五千二百七十一人に逆転された後、その差は徐々に開いている。とはいえ、これまで日本では中学生の柔道人口が中核を占めてきたことは間違いない。

日本では実践者側のニーズに合わせるという発想がフランスに比して弱いと考えられる。中学校柔道部の指導者は柔道部の指導を仕事にしているわけではなく、学校教員として収入を得ているケースがほとんどである。そのため、教師と生徒という日頃の関係が部活動の指導者と選手の関係にもスライドインされ、とにかく先生が言うことは聞かなければならないという状況に陥りやすい。そうであれば指導者の一存で多様な柔道教育のあり方が模索できるはずだが、そこに指導者を競技実績に向かわせる力学がはたらいていると考えられる。

日本の場合、大衆化と高度化が学校の部活動でそろって達成可能だった。これはフランスにはない特徴である。誰でも学校にさえ通えば、柔道の施設が無料で使えるし、部活動で指導を受ける機会が得られるのである。

全中も当初の目的は大衆化にあった。オリンピックに出場する選手の強化を目的として一九六一年二月に組織された全柔連の強化委は、当初、指導者に正しい柔道指導をしてもらうための講習会を開いていた。全中は、この講習会に参加した人々を中心として、正しい柔道の普及こそが柔道人口の増加につながるという思いから始められたのである。フランスと異なり、日本では競技の高度化を大衆化の手段にしたのである。

他方で、柔道がオリンピック正式競技になり、金メダルを量産する姿に日本人は敗戦以来のナショナル・プライドの回復をみた[3]。強化委も一九七〇年代に入ると日本人のナショナル・プライドの回復を背景として、オリンピックで金メダルを獲れる選手の育成に力を入れ始める。強化委は将来有望な選手を発掘するため、高校生や中学生も視野に入れ始め、八〇年代には全中に合わせて体重別の選考会や身体測定などを開始している。こうして、全中は正しい柔道の普及による柔道の大衆化を目的にしながらも、高度化を推し進める大会になったのである。

ただし、全柔連の施策だけでは中学校柔道の大衆化と高度化を達成することはできなかっただろう。時代が後押しした側面を見逃してはいけない。一九五〇年代から七〇年代にかけてはメリトクラシー（業績主義）が大衆化する時代であり、学校は「メリトクラティックなエートスを子どもたちに広める役割[4]」を果たすようになった。このメリトクラティックなエートスの一つに「努力主義」がある。メリトクラシーは能力＝素質の差が露骨に表れるので、生徒たちの間で差別感を生み出す。そのため、六〇年代の学校教育では生徒に差別感を生み出さない平等教育も同時に目指された。その結果、成績の差は個々人の素質によるのではなく、努力によって変わりうるという努力主義が形成された。[5] こうした努力主義を身につける場として部活動が機能したことは想像に難くない。

努力主義はオリンピックを機に台頭したスポーツ界の「根性」論とも相性がよかったと考えられる。[6] このスポーツ根性論は、一九六〇年代から七〇年代にかけて流行する「スポ根」のマンガやアニメを通して大衆化した。[7]

根性は経済界からも注目された。経済界からは「黙々と勤勉に働いて義務を履行するまさに「愛国的な企業戦士」」を育成する方法として「ハード・トレーニング」が評価されたのである。[8] 高い競技実績を上げるために不満を言わず黙々と一途に頑張る選手こそ日本企業が求める人材と一致したのである。

根性の養成は中学校柔道にも期待された。例えば、一九七七年の全中第八回大会で中体連副会長の石田久弥は「精神的なねばりと根性を養って行くには、柔道でなければ勝ち取れない。諸君は、他の仲間達の先達となり、模範となってもらいたい[9]」と開会挨拶をしている。また、八九年に全中の団体戦で優勝した九州学院中学校柔道部主将は「毎日苦しい練習の連続で、もうやめようと思ったことが何度もありました。今思えば、よくあの厳しい練習にたえられたなと思います…何より根性で結びついた、チームワークによる勝利だったと思います[10]」と、同校柔道部員の根性を自負した。全中の大衆化と高度化は根性の養成という教育的意義を帯びることでも正当化されたのである。

さらに柔道の大衆化と高度化の背景として、人口ピラミッドと指導法の関係も見逃してはならないだろう。一九四七年から四九年の第一次ベビーブームに伴って六〇年代には各運動部の部員は軒並み増加した。その結果、全部員を試合に出場させることができないので、レギュラー選抜のため選手をふるい落とす指導法がよく用いられたという。[11]こうしたふるい落とす指導のなかで体罰・しごきが発生するのだが、それも教員と生徒の間では根性を養成する手段として肯定的に理解された面があったのではないだろうか。[12]つまり、ふるい落とされた生徒の気持ちを癒やす方便として根性は機能したと考えられるのである。[13]〝厳しい練習で根性がついたじゃないか。それが社会で役に立つんだ〟というタイプの励ましは多くの人々が部活動で経験したのではないだろうか。あるいはのちのちになって、〝部活動で精神的に強くなった〟と振り返る人々も少なからずいるだろう。[14]

こうして、団塊ジュニア世代・ポスト団塊ジュニア世代が部活動で活躍する一九八〇年代から九〇年代までは、体罰・しごきがあっても外見上は大衆化と高度化の両方が達成できただろう。さらに、八〇年代以降は全中の個人戦や女子の部も始まるので、大衆化の成功の裏側で二十一世紀に入っても体罰・しごきは続いたものと思われる。[15]

しかし、日本柔道が大衆化と高度化を部活動に頼ってきたことの問題は大きい。学校以外に柔道をする環境が十分に整備されてこなかったため、体罰・しごきでふるい落とされた柔道部員の受け皿が少ないのである。さらに現在は、少子化が重なってどの中学校でも各部の間で部員の取り合いになっている。確かに柔道事故のように柔道固有の問題はあるが、それも含めておおむね日本柔道界が抱える体罰・しごきの問題は部活動とそれを取り巻くオリンピックの体制や根性論などに原因が求められるのではないだろうか。

4　日本柔道界の対策

競技の高度化がもたらす問題については講道館や全柔連でも以前から認識されていて、その是正は試みられてきた。第9章で検討したものでは、一九八二年に制定された少年規定がある。第9章で取り上げなかったものについて補足すると、まず、一九六七年に全柔連が制定した「柔道試合における礼法」が挙げられる。同礼法が制定されたのは、制定前年におこなわれた全日本学生柔道優勝大会で選手の試合態度が非常に悪かったことに原因があり、選手の試合態度を是正することが制定の主要目的の一つに挙げられている。[16] しかし、選手を含め、柔道関係者のマナーの悪さが試合場の施設管理者から批判される状況はなくならなかった。

二〇〇一年には講道館と全柔連の合同プロジェクトとして「柔道ルネッサンス」を掲げて、柔道関係者のマナー向上を図った。さらに一三年には「暴力の根絶プロジェクト」を立ち上げ、翌一四年に「柔道ＭＩＮＤプロジェクト」へと発展的に解消した。ＭＩＮＤとはManners（礼節）、Independence（自立）、Nobility（高潔）、Dignity（品格）の頭文字をとり、そこに精神（Mind）を掛け合わせた標語である。柔道は精神教育であるという趣旨を柔道関係者に周知徹底することがその目的である。

全柔連による柔道教育という点で近年注目されるのは、二〇二〇年三月二十二日に予定されていた文武両道杯である。新型コロナウイルス感染拡大の影響で中止を余儀なくさせられた同大会は全国高等学校柔道選手権（中止）と同日に、講道館内で文武両道を実践する高校を招待して団体戦をおこなうものだった。部活だけでなく、教育にも熱心な学校を招待する予定だったと思われるが、これも競技大会であることに変わりはない。明治時代から存在し、段位を認定する講道館とは異なり、全柔連は戦後、日体協（現・日本スポーツ協会）傘下の競技団体として発足している。団体の性質上、全柔連は競技という枠組みから脱却して登録人口を拡大する方策を立てるのは難しいのかもしれない。

全柔連は登録人口拡大に向けたさまざまな事業をおこなっている。例えば、指導者向け研修、児童・生徒および保護者向けの啓発冊子の発行などのほか、二〇一八年から「新規登録者優良校表彰」をおこなっている。[17]これは中学校・高校で新規登録者（初心者）を多く入部させた学校を表彰する事業で、新規に全柔連登録をおこなった生徒数の実人数を順位づけする「実人数の部」と、全校生徒数と比較して新規に全柔連登録をおこなった生徒数の割合（＝登録者率）が高い学校を順位づけする「登録者率の部」に分かれる。しかし、同表彰のメインターゲットは学校であり、新規のターゲットを開拓するものではない。ここにも競技団体でありながら歴史的に学校との結び付きが強い全柔連の特徴が表れているだろう。

全柔連は指導者養成にも尽力している。全柔連は二〇〇八年に「指導者の資質向上と正しい普及発展を目的」として、指導者養成プロジェクトを立ち上げた。また、一三年から公認柔道指導者資格制度を完全導入した。[18]同制度導入後、指導者は指導者講習会を受講し、課題をクリアしなければ指導者資格が得られないことになった。現在、この資格がなければ柔道を指導することはできないので、指導者は指導者講習会を受講しなければならないが、そこでは専門家による頭部外傷のメカニズムと予防対策、指導者倫理、審判規定などの講習がおこなわれている。

講習会の成果は出ている。二〇二〇年一月に発行された『柔道の安全指導 柔道の未来のために第5版』によれば、頭部外傷による死亡事故・高度障害は減少傾向にある。

二〇〇三年六月から二〇一一年十二月までの九年間（前期とする）では重大な急性硬膜下血腫は三十六例（年間四・〇件）でした。しかし「柔道の安全指導改訂第三版」（二〇一一年五月）を作成し、全国の都道府県で指導者に対して安全指導の講習を義務化し啓発活動を行った後の二〇一二年一月から二〇一九年十二月までの八年間（後期とする）では十九例（年間二・三件）とほぼ半減しました。特に死亡例に関しては、啓発活動前の九年間で十八例（年間二件）みられましたが、啓発後の八年間では三例（年間〇・三七件）と大きく減少しました（略）高度障害も減少し、逆に良好回復例が後期では増加しています。[19]

しかし、こうした対策がとられてもなお、体罰・しごきや柔道事故はゼロにはならない。[20] その背景にはここまで述べてきたことに加え、第8章「日本の伝統文化と柔道教育の矛盾」（有山篤利）で指摘されたように〝技術指導＝人格形成〟という修養主義的な考え方が日本の指導者には根強いことが考えられる。こうした考え方と競技の高度化が相まって、競技力向上を目的とした技術指導によって、生徒の人格形成をするのだという指導者側の認識は根強いのではないだろうか。

おわりに

本章は日仏柔道教育の比較という視点から両国の特徴を整理した。

本章は東京オリンピック以降に時期を絞ったが、フランス柔道を取り巻く制度は一九四〇年代以降、そのときどきの社会状況に向き合いながら形作られてきたのである。そのためフランスの組織、制度、指導法にはフランスの歴史的・社会的文脈が刻み込まれている。フランスが柔道事故や体罰の少ない国というのは間違ってはいないが、それはフランスの子どもたちを取り巻く柔道の歴史的・社会的文脈がそうさせているのである。それらをフランスの文脈から切り離して、日本に導入したとしても柔道事故や体罰減少の根本的解決にはつながらないと考えられる。

柔道教育の中身に関していえば、フランスは競技力も高いが、教育にも熱心にみえる。日本に比べて、スポーツと（学校）教育の結び付きが弱いフランスで「教育的なスポーツ」という柔道のイメージは、日本以上にインパクトが大きいように思われる。つまり、柔道に内在する教育的側面がフランスではブランディングの意義を帯びているのである。また、現在のフランス柔道界は高度化と大衆化を分けて考えていて、その分、指導の方向性も多様にみえる。

一方、日本では戦後の学校柔道がスポーツとして復活していることもあり、一九六四年の東京オリンピック以降はほかの部活動諸種目と横並びになり根性論を軸にした柔道教育が展開されてきたのではないだろうか。日本でも柔道＝人格形成という主張は強いが、例えばその一つとして礼節を説いたとしても、それは第8章で指摘しているようにスポーツマンシップとさして変わらなかったのではないだろうか。

いささか日本柔道に対して問題を投げかけるような言葉を並べてしまったが、本章は具体的な解決策を提案することが目的ではない。本章を含め、本書全体がおこなってきたのは、日仏両国の柔道が置かれた歴史的・社会的文脈を見つめ直すことだった。こうした作業を経て、私たちは個々の実感に基づく近視眼的な視野を脱し、より長期的で広い視野へと向かうことができるのではないだろうか。そうして私たちははじめて柔道界の根本的な課題解決に向かうことができるのではないか。二〇二二年一月、全柔連は四十五年ぶりに少年規定（現・少年大会特別規定）を見直し、安全面を考慮した結果、中学生の絞め技を禁止することに決定した。さらに三月、「行き過ぎた勝利至上主義」を見直すために、全柔連は全国小学生学年別大会を廃止する決定を下した。日本の柔道教育も大きな転機を迎えつつある。

注

（1）磯直樹「パリ郊外における柔道実践——暴力と境界の問題をめぐって」、日本スポーツ社会学会編「スポーツ社会学研究」第二十一巻第二号、日本スポーツ社会学会、二〇一三年、七三ページ

（2）例えば、磯が調査した柔道場には小学生向けのかわいらしい壁絵が描かれていて、大人が練習する雰囲気ではなかったということである。また磯のフランスでの聞き取りでは、フランスの指導者のなかには成人に向けてどう指導すればいいのかわからないという者もいて、日本人のほうが成人向け指導はうまいという評判もあるという。
（3）坂上康博「日本の武道――ナショナリズムの軌跡」、土佐昌樹編著『東アジアのスポーツ・ナショナリズム――国家戦略と国際協調のはざまで』所収、ミネルヴァ書房、二〇一五年
（4）苅谷剛彦『大衆教育社会のゆくえ――学歴主義と平等神話の戦後史』（中公新書）、中央公論社、一九九五年、一九ページ。ここで社会階級の問題が前景化しなかったことについても同書で指摘している。
（5）同書四、一八一―一九一ページ
（6）岡部祐介『スポーツ根性論の誕生と変容――卓越への意志・勝利の追求』旬報社、二〇二一年
（7）同書六、四九ページ
（8）下竹亮志「根性論の系譜学――六四年東京オリンピックはスポーツ根性論を生んだのか？」、石坂友司／松林秀樹編著『一九六四年東京オリンピックは何を生んだのか』所収、青弓社、二〇一八年、九一―九五ページ
（9）村本錬四郎／河野矯雄「全国中学生柔道大会記」「柔道」一九七七年十月号、講道館、二六ページ
（10）本田真一「優勝のよろこび」、日本中学校体育連盟編「会報」第二十二号、日本中学校体育連盟、一九九〇年、七八ページ
（11）中村哲也「スポーツ史――運動部の歴史から自治と体罰を考える」、神谷拓監修『部活動学――子どもが主体のよりよいクラブをつくる24の視点』所収、ベースボール・マガジン社、二〇二〇年、七

六―七七ページ
(12) 庄形篤「運動部活動における体罰受容のメカニズム――A高等学校女子ハンドボール部の事例」「スポーツ人類學研究」第十三号、日本スポーツ人類学会、二〇一三年。ただし、庄形は根性ではなく、フィールドワークで得られた「自らの成長」という言葉を使っている。
(13) 竹内洋『選抜社会――試験・昇進をめぐる〈加熱〉と〈冷却〉』リクルート出版、一九八八年、三〇ページ。ただし、竹内がここで念頭に置いているのは明治・大正期に流行した修養主義である。
(14) こうした振り返りには、そう思わないとあのつらかった練習が無駄になってしまう、という認知的不協和の解消という面もあるだろう（大石千歳／笹生心太「高等学校運動部での体罰経験の解釈と体罰再生産メカニズムの関連性の検討――認知的不協和理論による体罰の正当化および集団凝集性の観点からの体罰のチームワーク強化機能について」「東京女子体育大学女子体育研究所所報」第十号、東京女子体育大学、二〇一六年）。中学校の場合、生徒に部活動への加入を半ば義務づけている場合も多く（中澤篤史『運動部活動の戦後と現在――なぜスポーツは学校教育に結び付けられるのか』青弓社、二〇一四年、四四ページ）、退部という選択肢がとりづらいことも体罰と認知的不協和の解消に関連するように思われる。
(15) 本書では検討できなかったが、一九八〇年代以降の中・高生のスポーツ推薦と体罰・しごきの関係も今後の研究課題である。スポーツ推薦の拡大とともに体罰・しごきの目的が根性の養成よりも勝利至上主義に傾いていった可能性が考えられる。進学と競技実績が絡んでくるからだ。指導者側も生徒を勝たせなくてはならないというプレッシャーが強まり、体罰・しごきが温存される要因になった可能性が考えられる。
(16) 中嶋哲也「柔道の礼法における戦中・戦後史」「体育学研究」第六十六巻、日本体育学会、二〇二一

一年
(17)「2020年度新規登録者優良校表彰」「まいんど」第二十六号、全日本柔道連盟、二〇二一年、一四ページ
(18) 全日本柔道連盟「公認柔道指導者資格制度」(https://www.judo.or.jp/coach-referee/coach-qualifications/)［二〇二一年六月二十日アクセス］
(19) 野瀬清喜／磯村元信／永廣信治／三戸範之編著『柔道の安全指導　柔道の未来のために　第5版』全日本柔道連盟、二〇二〇年、五ページ
(20) 近年では二〇二〇年十月に宝塚市の中学校で発覚した柔道事故が記憶に新しい。「体罰で逮捕の中学校柔道部顧問　過去に3度処分歴」「神戸新聞NEXT」二〇二〇年十月十三日付（https://www.kobe-np.co.jp/news/sougou/202010/0013778340.shtml）［二〇二一年六月二十日アクセス］

あとがき

磯 直樹

二〇一〇年前後、私（磯）は社会学史を研究するかたわら、パリ郊外の柔道クラブでフィールドワークをしていた。また、フランスのブルターニュ地方やブルゴーニュ地方の柔道クラブも訪れ、フランス柔道について調査をしていた。本書は、私がフランスでフィールドワークをおこなうなかで抱いた問題関心を、多少なりとも反映している。ただし、当時の私は本書のような構想は抱いていなかった。本書は、偶然のめぐり合わせでできた共同研究の成果である。

本書の誕生は、編著者の中嶋哲也さんと私が、二〇一七年三月におこなわれた現代人類学研究会の例会（スポーツと人類学をテーマに掲げた会だった）でたまたま出会ったことにさかのぼる。例会後、私が「フランスでは危険だからという理由で大外刈りを最初に教えないと、日本の報道であるじゃないですか。あれ、そんなことないんですよ。私が調査した道場では小さい子にも教えていますから」と中嶋さんに語った。フランスの一部で大外刈りが禁止されていると一応は信じていた中嶋さんは驚かれ、これが本書作成のきっかけになった。

「単なる大外刈りの話なのに、どうして？」と思われるかもしれない。柔道ではかなり基本的な技であるのに、あえて教えないというのにはよほどの理由が必要である。その理由が「危険だから」

となると、柔道自体が危険ということになってしまう。二〇一〇年代は、日本で柔道事故が広く関心を集めていた。どのように柔道事故をなくしていくべきか、柔道関係者の多くは頭を悩ませていた。柔道事故の発生を望む指導者はいないだろう。柔道自体が危険だとなると、学校では柔道ができなくなるだろう。日本の柔道は、学校教育と深い関わりがある。

二〇一二年、静岡県教育委員会は事故防止のために中学校の授業で大外刈りをかけることを禁止した。静岡県でも部活動では大外刈りが禁止されていないようだが、日本では柔道がしばしば学校の体育と部活動の枠組みでおこなわれていて、安全問題に限っても柔道を学校教育から離れて考えることは難しい。

フランスでは、柔道はしばしば子どもの教育の一環として位置づけられている。しかしながら、この場合の「教育」に学校教育は部分的にしか関係せず、日本とは柔道と教育の関わり方が異なる。私と中嶋さんは、大外刈りの問題を通じて、柔道と教育の関係という観点から日仏比較をしてみたら面白いのではないかと思ったのだった。

こうして、中嶋さんと私は共同研究の企画を進めるようになった。彼が私の話に関心をもったのは、当時、大学院でフランス柔道史をテーマに研究していた星野映さんがいるのを知っていたからである。星野さんは大学生のときに柔道部の主将を務めていて、彼が主将だった時期に当時大学で助手だった中嶋さんは、何度か星野さんと稽古したことがあった。ただ、星野さんが学部を卒業後に研究の道に進んだことを、中嶋さんはしばらくの間知らなかったそうである。それを知ったのは二〇一四年のスポーツ史学会で、星野さんがフランス柔道について発表していて、中嶋さんはたまたまフロアでそれを聞いていたということである。

私は中嶋さんから星野さんの連絡先を聞き、最初はこの三人で話を進めることになった。その後、何度か三人で話し合いながら本書のアウトラインを描くなかで、フランスをフィールドにして教育社会学の研究をしている小林純子さんにも執筆していただくのがいいのではないかという話になった。小林さんには第3章「現代フランスの学校教育と課外活動——スポーツの場合」の担当をご依頼したが、柔道を軸にしながらも柔道という枠を超え、課外活動の日仏比較を論じていただいた。小林さんの第3章は柔道に興味がない教育関係者にも大変有意義な内容になっているはずである。

こうして本書の核となるフランス関係のパートはどんどん充実していったが、なんとなく「フランス」三人、「日本」一人という状況にバランスの悪さを感じた。それで、体育科教育学の立場から日本柔道を研究している有山篤利さんにも参加してもらうことにし、最終的にこの五人で本書を書くことになった。長年にわたる柔道指導の経験をもとに、有山さんからは各章の作成段階で有意義なコメントを多くいただいた。また第8章「日本の伝統文化と柔道教育の矛盾」(有山篤利)を読んで、現状の批判的考察から過去を眺める視点には編著者一同、大きな学びを得た。

本書では、日仏の柔道が置かれた状況からそれぞれの柔道教育の実情を比較した。本書の特徴は、これまであまり紹介されてこなかったフランス柔道の歴史的・社会的な背景の詳細な検討だろう。第1部「フランス柔道の現在」のフランス柔道を取り巻く現状と、第2部「フランス柔道の教育システムの成立」の星野さんのフランス現代柔道史(第5章「フランスにおける柔道の確立」―第7章「フランス柔道と教育の接近」)は、日本語ではほかに類を見ない内容である。本書の企画に関わった順番では星野さんが三番目だが、本書で最も多くの分量を執筆している。本書の基軸になる議論をしているのは星野さんである。

星野さんのフランス柔道の現代史に関する考察と小林さんによるフランスの教育との関わりの考察を踏まえ、中嶋さんと有山さんはフランス柔道を通じて日本柔道の特徴をどのように捉え直せるかの検討を続けた。しかし、中嶋さんは、調べ始めてすぐに日本柔道の戦後史（現代史）がほぼ研究されていない現状に心が折れそうになったそうである。

中嶋さんによれば、これまで日本柔道界に物申す人たちは創始者・嘉納治五郎の言説に立ち戻り、嘉納の言説によりながら現状批判や打開策を述べてきたが、そもそも問題となる現状の歴史学的・社会学的な分析がおろそかだったのである。そのため、彼は第9章「戦後日本における柔道の大衆化と高度化——全国中学校柔道大会の歴史を中心に」で全中の歴史を検討することになった。この章の意義は、日仏の柔道を比較するうえで必要な知識を提供してくれていることにある。

私は本書の編著者の一人ではあるものの、柔道の専門家ではなく、競技指導に関しては素人《しろうと》である。私の役割は、本書の企画とまとめ役だった。本書には、柔道の専門家と非専門家が議論を重ねた共同作業ゆえの魅力があると編者一同自負してはいるものの、まとまりに欠けるところがあるとしたら、それは私の責任である。

今後は日本柔道の戦後史、あるいは社会学的な研究も必要になるだろうし、ドイツ、イギリス、ロシアといったフランス以外のヨーロッパ諸国、ブラジルや韓国など非ヨーロッパ諸国との比較も必要になるだろう。そう考えると課題は山積している。それでも本書はこれまでなされてこなかったことに先鞭をつけたという点で、十分な責務を果たせているように思われる。諸賢にご批判いただければ幸いである。

本書の構想の背景にある私のフランスでのフィールドワークでは、さまざまな柔道関係者のお世話になり、彼らのご協力なくして私自身の研究を進めることができなければ、本書も誕生することもなかったはずである。すべての方のお名前をここに挙げることはできないが、ファビアン・ファルジュ（Fabien Farge）、佐々木光、イヴ＝マリ・カリウ（Yves-Marie Cariou）、平野義之、熊谷卓俊諸氏には特別なご支援とご協力をいただいた。記して感謝を申し上げたい。

最後に、本書の担当編集者である矢野未知生さんにお礼を申し上げたい。矢野さんは、坂上康博編著『海を渡った柔術と柔道――日本武道のダイナミズム』（青弓社、二〇一〇年）の担当編集者であり、同書には私も寄稿している。企画当初から、矢野さんの編集によって青弓社から本書を刊行したいと編者一同望んでいた。二〇二〇年にコロナ禍が始まった頃、私たちは矢野さんに本書の企画を提案した。まだ十分に練られていなかった私たちの企画を矢野さんは受け入れ、社内で通る企画へと一緒に練り上げてくださった。本書の刊行は、企画から編集に至るまで矢野さんなくしてはありえなかった。矢野さん、本当にありがとうございました。

二〇二二年五月　本書執筆者を代表して

[編著者略歴]
星野 映（ほしの うつる）
早稲田大学グローバルエデュケーションセンター講師
専攻はスポーツ史、スポーツ社会学
論文に「1940－1944年の占領期パリにおける柔道の確立」（「体育学研究」第64巻第1号）など

中嶋哲也（なかじま てつや）
茨城大学教育学部准教授
専攻はスポーツ人類学、武道論
著書に『近代日本の武道論』（国書刊行会）、共著に『日本武道の武術性とは何か』（青弓社）、論文に「柔道の礼法における戦中・戦後史」（「体育学研究」第66巻）など

磯 直樹（いそ なおき）
東京藝術大学社会連携センター特任講師
専攻は社会学史、社会調査
著書に『認識と反省性』（法政大学出版局）、論文に “La culture légitime et la distinction dans le Japon contemporain”（*Recherches sociologiques et anthropologiques,* 51（1））、“Bourdieusian Self-Analyses as a Japanese Sociologist”（*Sociologia e Ricerca Sociale,* 126）など

[著者略歴]
小林純子（こばやし すみこ）
南山大学外国語学部教授
専攻は教育社会学、フランス地域研究
共著に『学校選択のパラドックス』（勁草書房）、『児童の放課後活動の国際比較』（福村出版）、『記憶の共有をめざして』『宗教と政治のインターフェイス』（ともに行路社）など

有山篤利（ありやま あつとし）
追手門学院大学社会学部教授
専攻は体育科教育学、スポーツ社会学、武道論
共著に『スポーツ経営学 改訂版』『スポーツ戦略論』（ともに大修館書店）、論文に「「柔の原理定着尺度」の開発を通した柔道の学習内容の提示」（「体育学研究」第61巻第2号）、「柔道の「動き」のスポーツ化と柔道実践者の実態」（「体育学研究」第64巻第1号）など

フランス柔道《じゅうどう》とは何《なに》か　教育・学校・スポーツ

発行――2022年6月23日　第1刷
定価――2600円＋税
編著者――星野 映／中嶋哲也／磯 直樹
発行者――矢野恵二
発行所――株式会社青弓社
〒162-0801 東京都新宿区山吹町337
電話 03-3268-0381（代）
http://www.seikyusha.co.jp
印刷所――三松堂
製本所――三松堂

ISBN978-4-7872-3506-0　C0036